Simon Karsten

Quintus Horatius Flaccus - Ein Blick auf sein Leben,

seine Studien und Dichtungen

Simon Karsten

Quintus Horatius Flaccus - Ein Blick auf sein Leben,
seine Studien und Dichtungen

ISBN/EAN: 9783743618466

Hergestellt in Europa, USA, Kanada, Australien, Japan

Cover: Foto ©ninafisch / pixelio.de

Manufactured and distributed by brebook publishing software
(www.brebook.com)

Simon Karsten

Quintus Horatius Flaccus - Ein Blick auf sein Leben,

Quintus Horatius Flaccus.

Ein Blick

auf

sein Leben, seine Studien und Dichtungen

von

S. Karsten,
Professor zu Utrecht.

Aus dem Holländischen übersetzt und mit Zusätzen versehen

von

J. u. Dr. Moritz Schwach,
k. k. o. ö. Professor des röm. Rechts an der Universität zu Prag.

Leipzig und Heidelberg.
C. F. Winter'sche Verlagshandlung.
1863.

Vorwort des Uebersetzers.

Die hier in deutscher Uebersetzung vorliegende Schrift S. Karsten's über Horaz ist, wie die Vorrede des Verfassers bezeugt, vorzugsweise für den grossen Kreis der Gebildeten überhaupt bestimmt. Diesen ein lebensvolles, in einen engen Rahmen gefasstes, plastisches Bild des Horaz zu zeichnen, seine Entwicklung als Mensch und als Dichter klar vor die Augen zu stellen, das war sein Zweck, und das hat er wohl auch erreicht. So viel mir bekannt, besitzt die deutsche Literatur (bei all' ihrem Reichthum) keine Schrift über Horaz, die der Karstenschen an die Seite zu stellen wäre. Dies auch der Grund, der mich zur Uebersetzung derselben veranlegte. Möchte sie nur auch das Urtheil der Sachkundigen als eine gelungene anerkennen!

Schliesslich noch die Bemerkung, dass die mit Sternchen bezeichneten Anmerkungen von mir der Schrift Karsten's beigefügte Zusätze sind.

Prag, am 2. Mai 1863

Vorrede.

Seit den Abhandlungen über Q. Horatius Flaccus von R. van Ommeren, Amst. 1789, und der Uebersetzung seiner Oden durch P. de Winter, Amst. 1804, sind in unserem Vaterlande wenig Schriften an das Licht getreten, die der Betrachtung des Charakters und des dichterischen Werthes von Horaz gewidmet sind. Die Lektüre der lateinischen Dichter ist bei uns zumeist auf die Schule und das Studierzimmer beschränkt. Ganz anders war dieses früher, und noch heute ist es anders bei unsern Nachbarn, den Engländern, Franzosen und Deutschen. Dort sind die Gedichte des Horaz noch heute das *vade mecum* jedes einsichts- und talentvollen Dichters und Schriftstellers, und die Fluth von Ausgaben, Uebersetzungen und Schriften, betreffend das Leben, den Charakter oder die Werke dieses Dichters, die ein jedes Jahr bringt, beweist das Interesse, das ihm nicht allein von Seite der Philologen, sondern auch von Seite des literaturliebenden Publikums überhaupt zu Theil wird.

Viele dieser Schriften von der Zeit Lessings und Herders an bis auf die jüngste Zeit habe ich in verschiedenen Zeitabschnitten meines Lebens, wie es eben geht, mit mehr oder weniger Aufmerksamkeit, ganz oder theilweise, gelesen oder durchblättert. Einige unter diesen habe ich unter dem Text erwähnt, um die Aufmerksamkeit Derer, die sich mit der Literatur über Horaz näher bekannt zu machen wünschen, darauf zu lenken. Jedoch habe ich unter diesen die neueste Schrift von Aug. Arnold (Das Leben des Horaz u. s. w., Halle 1860) nicht erwähnt, denn sie ist mir erst nach Vollendung dieser Abhandlung in die Hände gekommen. Was ich übrigens von diesen Schriften mir angeeignet, welche Gesichtspunkte ich anderen entlehnt, welche ich eigener Beobachtung zu danken habe, davon Rechenschaft zu geben würde mir schwer fallen und dem Leser sicher wenig Nutzen bringen. Fragt man, auf welche Leser ich bei der Herausgabe dieser Schrift vornämlich mein Augenmerk gerichtet hatte, so weiss ich darauf keine bessere Antwort zu geben als diejenige, was C. Lucilius zu sagen pflegte „neque se ab indoctissimis neque a doctissimis legi velle." Wenn ich übrigens so glücklich sein und Einigen durch diese Blätter zu einer erneuerten Beschäftigung mit einem Dichter, der mir manche nutzbringende und angenehme Stunde geschenkt hat, Anregung gegeben haben sollte, dann würde diese meine Arbeit sicherlich nicht zu den ganz nutzlosen gehören.

Utrecht, am 15. Juni 1861.

Quintus Horatius Flaccus.

Unter die kleine Zahl der Musensöhne, deren Werken das Vorrecht einer immerwährenden Jugend bescheert zu sein scheint, gehört gewiss auch er, der eine Zierde des Augusteischen Zeitalters war, Q. Horatius Flaccus. Während die Gedichte der griechischen Lyriker, welche dem lateinischen Sänger zum Vorbild dienten, Einen ausgenommen, beinahe spurlos verloren gegangen, sind die des Horaz nahezu unversehrt auf die Nachwelt gekommen und haben sich von Jahrhundert zu Jahrhundert eines Beifalls zu erfreuen gehabt, welcher nur wenigen Geisteserzeugnissen früherer oder späterer Jahrhunderte zu Theil geworden ist. Was unser Dichter ehemals für Maecenas und Augustus, für Pollio und Messala, für seine zahlreichen Freunde, ja für das ganze gebildete Rom war, das ist er auch später für so Viele in allen Ländern und Zeiten, die Geist und Geschmack nach ihrem Werthe zu schätzen wussten, gewesen. Horaz zählt unter seinen Verehrern nicht allein Gelehrte und Dichter, sondern Männer von jedem Rang und Stand, Philosophen, Staatsmänner, Theologen;

für Viele dieser war er ein Hausfreund, ein Reisegenosse, in dessen witzigen Einfällen und eleganter Sprache sie Erholung von ihren Sorgen fanden und dessen feine Bemerkungen und kernige Sprüche für sie eine Schatzkammer von Menschenkenntniss und Lebensweisheit waren. Und in wie manchem Geiste haben nicht die Töne seiner Laute die Dichtergluth entflammt! Wie mancher Schriftsteller, selbst in unseren Tagen, hat nicht in seinen Satiren den Stoff gefunden zu feinen und geistreichen Gedanken und Schilderungen? So ist, was Horaz in einem Augenblick dichterischer Begeisterung sich selbst ansang: *Usque ego postera crescam laude recens*, nicht unerfüllt geblieben, und seine Prophezeiung, dass Scythe und Iberier, Britte und Gallier seine Gesänge lesen würden, hat die Zukunft nicht Lügen gestraft.

Fragt man, wem Horaz diesen Beifall zu danken hat, so ist derselbe theils seiner anmuthigen, zierlichen und dabei doch kernigen Sprache, theils dem Geiste und Inhalte seiner Gedichte zuzuschreiben. Horaz ist der Dichter des Lebens, vor Allem des Lebens der gebildeten Welt. Die Gefühle, Ideen und Empfindungen, die in ihrem Wechsel das Gemüth bewegen, sind der Gegenstand seines Gesangs; das Leben sowohl von seiner fröhlichen als von seiner ernsten Seite spiegelt sich darin ab. Daher besitzt er die Kunst, sowohl zu dem Gefühle als zu dem Verstande zu sprechen und, durch eine glückliche Mischung von Ernst und Scherz, den Leser zu unterhalten und zu fesseln.

Horaz ist aber mehr, er kann auch auf den Namen

eines „Nationaldichters" Anspruch machen. Roms Grösse und Ruhm, seine ausgezeichneten Männer und Thaten haben in ihm einen Verkündiger gefunden, dessen Busen für die Ehre des römischen Namens schlägt, der mit kräftigen Farben sowohl die Tugenden der grossen Voreltern als die Charakterlosigkeit der entarteten Nachkommenschaft zeichnet. So sind die Gedichte des Horaz ein Monument, worin sich Rom in seiner Grösse und in seiner Nichtigkeit abspiegelt, ein Bild von dem Leben und den Sitten der grossen Weltstadt im Zeitalter des Augustus, und nebenbei zugleich, in vielen Beziehungen, ein Bild von dem Leben der heutigen gebildeten Welt in den Residenzstädten.

Neben der Verehrung, die Horazen zu Theil geworden, hat es ihm aber auch an Verkleinerung und Verkennung nicht gefehlt. Wird er von Vielen als ein Mann von selbstständigem Charakter gepriesen, so sehen wieder Andere in ihm einen feinen Egoisten, der sich in Alles und in Alle zu schicken wusste; ehren diese in ihm den Menschenkenner, den praktischen Philosophen, so ist er jenen der Typus eines Epikuräers oder ein oberflächlicher Eklektiker; wird er von den Einen als ein seltener Geist bewundert, so sehen Andere in ihm nicht viel mehr als einen glücklichen Kopisten seiner griechischen Meister.

Bei meinen Betrachtungen über diesen Dichter schwebte mir vor Allem die Frage vor Augen. Wie ist Horaz Dichter geworden? wie hat seine natürliche Anlage sich entwickelt? wie hat er sich unter dem Einflusse der äusseren Umstände zu dem herangebildet, wofür er allgemein anerkannt worden ist, zu Roms ersten lyrischen Sänger und Lebedichter? Die Beantwortung dieser Frage wird uns Anlage und Bildung des Horaz, ihn als Dichter betrachtet, kennen lehren, nebenbei zugleich Licht werfen auf seinen Charakter, seine Tugenden und Schwächen, und uns auf diese Weise in den Stand setzen seinen Werth auch als Mensch und als Philosoph — beide sind von dem Dichter untrennbar — in dem Geiste seiner Zeit zu beurtheilen.

Was Horaz von dem Satyriker Lucilius sagt, dass er sein eigenes Leben und seinen Charakter in seinen Gedichten, wie auf einer Votivtafel, getreu abgebildet habe[1]), das gilt in nicht minderem Maasse von ihm selbst. Seine ganze Person, sein Thun und Treiben, sein Dichten und Trachten, findet man zur Schau gestellt in seinen Werken mit einer Offenherzigkeit, die selten angetroffen wird. Man braucht nur die einzelnen Züge zusammen zu lesen und in Verbindung mit den Zeitverhältnissen zu einem Ganzen zu formen, um sich von unserem Dichter, von seinem Leben und seiner Entwicklung ein wohlgetroffenes Bild zu entwerfen.

Horaz war, gleich den meisten ausgezeichneten Geistern Roms, nicht in der Weltstadt, sondern nur in einer stillen Landstadt geboren. Venusia[2]) in Apulien, am Fusse des wilden Vulturgebirges und an den Ufern des brausenden Aufidus gelegen, das war

---

[1]) Serm. II, 1. [illegible]

[2]) Es war diess eine alte römische Militär-Colonie.

der Ort, wo er das Licht der Welt erblickte (im J. 65 vor Chr.*) Sein Vater, ein Freigelassener[1]), der sich durch sein Amt als Coactor (Einforderer oder Eintreiber öffentlicher Gelder oder bei Versteigerungen) ein mässiges Vermögen erworben hatte, besass alldort ein kleines Landgut, auf welchem unser Dichter die ersten Jahre seiner Kindheit zugebracht hat. In einer seiner Oden erzählt er eine Anekdote, von der ich nicht zu bestimmen vermag, ob sie für Wahrheit oder Fabel zu halten sei, nämlich diese: dass er einmal beim Spiele sich in dem Gebirge ganz verirrte, vor Ermüdung in Schlaf gefallen war und die Nacht unter den Bäumen zugebracht hatte, ohne doch durch Bären oder Schlangen behelligt worden zu sein, natürlich zu nicht geringem Erstaunen der Nachbarn, so dass er seitdem in der Umgegend als ein Wunderkind, als ein Günstling der Götter angesehen wurde. *non sine Dis animosus infans*[2]). Durch diese Erzählung, eingekleidet in dichterischen Schmuck, hat Horaz seine natürliche Anlage und insbesondere seine Weihe zu dem Dienste der Musen angedeutet.

Sicherlich sah der Vater in seinem Sohne einen mehr als gewöhnlichen Geist, und es war keine eitle Ehrsucht, die ihn zu dem Entschlusse brachte, Venusia mit Rom zu vertauschen, um seinem Sohne alldort eine Erziehung zu geben, die nach seinem Wunsche ihm zu geachteterer Stellung und zur Vermehrung seines

---

*) Am 8. December

[1]) Serm. I, 6, 45 u. 46.

[2]) Carm. III, 4, 20.

Vermögens verhelfen konnte. Sein zehentes Jahr war verstrichen*), als der Knabe an der Hand seines Vaters die Weltstadt betrat. Alldort besuchte er die Schulen, wo die Kinder der Angesehenen unterrichtet wurden; und wenn man ihn, wie er selbst schreibt, über die Strasse gehen sah, nett gekleidet und von Sclaven begleitet, die seine Büchertasche und Rechentafel trugen, so hätte ihn Niemand für etwas Minderes als den Sohn eines Senators oder Ritters angesehen †). Einer dieser Schulen, der berühmtesten in dieser Zeit, erwähnt der Dichter in einem seiner Briefe, wo er sagt, dass es ihm noch deutlich erinnerlich, wie Orbilius, mit der Zuchtruthe bewaffnet (plagosus Orbilius), ihn die Verse des alten Livius auslegen lehrte ††). Man sieht daraus, dass Orbilius, der berühmteste Schulmann seiner Zeit, der beinahe 100 Jahre alt wurde, ein Meister der alten Schule (disciplinae) war, der die Jugend vor Allem zum Studium der alten lateinischen Dichter, unter welchen Livius Andronicus einen der ersten Plätze einnahm, anleitete. Uebrigens bestand der wissenschaftliche Unterricht in dieser Zeit in einem Cursus über Grammatik und Rhetorik mit ein wenig Unterweisung im Recht und in der Philosophie, während das Betreiben des Lateinischen mit dem Griechischen gepaart ging**). So lernte

---

*) Die gewöhnliche Meinung ist, dass er 12 Jahre alt gewesen. Aug. Arnold das Leben des Horaz S. 6 meint, es sei nicht zu ermitteln, wie alt er damals gewesen.

†) Serm. I, 6, 76 ff.

††) Epist. II, 1, 69 ff.

**) Dass ihm die griechische Sprache nicht fremd war, dass er sie in seiner Vaterstadt im Lebensverkehr erlernt hatte, ist,

Horaz in seiner Kindheit auch den Homer kennen[1]), und ich zweifle nicht, dass er schon damals den Sänger der Iliade, den Lieblingsdichter seiner reiferen Jahre, dem lateinischen Uebersetzer der Odyssee[2]) vorgezogen hat.

Horaz preist sich glücklich, dass er einen Vater gehabt habe, der als ein treuer Hüter ihn nie aus dem Auge verlor: *Custos incorruptissimus omnes circum doctores aderat*[3]). Noch in seiner späteren Lebenszeit erinnert er sich dieses Führers in seiner Jugend mit einem innigen Gefühl der Dankbarkeit[4]), und aus dem Bilde, welches er uns in einer seiner Satiren von seinem Vater entwirft, lernen wir diesen als einen Mann von soliden Charakter und praktischem Sinne kennen, der seinen Sohn nicht durch Predigten und

---

wie Aug. Arnold a. a. O. S. 6 sagt, durchaus wahrscheinlich, weil in Unteritalien das Griechische, von den hellenischen Pflanzstädten her, verbreitet und im gewöhnlichen Gebrauche war, namentlich Apulien war vorzugsweise hellenisirt, und so die römische Grenz-Colonie Venusia war gewiss auch das Griechische, im Verkehr mit dem Volke, eingedrungen, wenn auch die Colonisten sich in der Regel der Muttersprache bedienten. Die literarische Kenntniss des Griechischen ist etwas Anderes, die erwarb Horaz sich erst in Rom; aber das Mitgebrachte muss ihn doch dabei unterstützt haben.

1) Epist. II, 2, 41 f.

2) Livius Andronicus hat unter anderem die Odyssee in saturnischen Versen übertragen.

3) Serm. I, 6, 81.

4) Seine Mutter hat er wahrscheinlich sehr früh verloren, da er ihrer nirgend gedenkt. Auch scheint er geschwisterlos gewesen zu sein, denn schwerlich würde wohl sonst sein Vater ihm allein die ganze Sorgfalt und sein Vermögen zugewendet haben. S. Aug. Arnold, das Leben des Horaz S. 9.

Vorstellungen, sondern dadurch zur Beherzigung von Tugend und Pflicht zu wecken trachtete, dass er auf das Vorbild von Kameraden und Zeitgenossen hinwies und dadurch seinen Sohn wie in einem Spiegel sehen liess, was zur Ehre, was zur Schande gereicht. Tiefere Kenntniss von den Gründen der Sittenlehre meinte er den reiferen Jahren und dem höheren Unterricht in den Schulen der Philosophen überlassen zu müssen *).

Solch ein verständiger Leiter war ein doppelter Schatz in einer Zeit, wie man sie damals zu Rom erlebte. Es war die Zeit des Triumvirats: Cäsar, Pompejus und Crassus, von denen der erste damals in Gallien Krieg führte, während die beiden letzten zu Rom an der Spitze der Regierung standen. Rom war damals der Schauplatz fortwährenden Aufruhrs und beständiger Gewaltthätigkeiten; das Forum war der Kampfplatz der Milo's und Clodiusse, die mit ihrem Gefolge von bewaffneten Sclaven und gemeinem Volk alles mit Schrecken erfüllten. Die höchsten Würden waren die Beute von Ränken, Bestechungen und Gewalt. Die öffentliche Sittlichkeit war so tief gesunken, dass es einem Jüngling von guter Familie kaum zur Schande gereichte, seine Jugend mit Schwelgen und Schlemmen zugebracht zu haben **). Nach diesem Triumvirat folgte das blutige Drama des Bürgerkrieges, dessen Ende die Diktatur des Julius Cäsar war, die für kurze Zeit die Ordnung zu Rom herstellte.

---

*) Serm. I, 4, 105 ff.

**) S. z. B. Cicero pro Caelio, c. 17.

Das war die Zeit, in der Horaz unter dem Auge seines Vaters zu Rom aufwuchs.

Dass die ersten Eindrücke der Kindheit und jugendlichen Erziehung nicht selten für das ganze Leben von Einfluss sind und unverwischbare Spuren in der Seele hinterlassen, ohne dass man dessen oft sich selbst bewusst ist, braucht kaum gesagt zu werden. Fragt man, was bei Horaz davon zurückgeblieben, so glaube ich vor Allem dahin seine Liebe zur Natur und zum Landleben rechnen zu können, die er in seiner ersten Kindheit eingesogen hatte, und die ihn auch später, inmitten der Ueppigkeit der grossen Welt, den stillen Landsitz der Pracht der unruhigen Hauptstadt vorziehen liess. Ferner — was er in reiferen Jahren selbst dem Unterrichte seines Vaters danken zu müssen erkannte — dass er, obgleich nicht frei von Schwachheiten, noch einer zu strengen Sittenlehre zugethan, sich dennoch stets rein gehalten hat von Allem, was gemein, unedel, ungeziemend ist *). Endlich den praktischen Sinn, der seine Weisheit nicht lediglich aus der Betrachtung (Theorie), sondern auch aus dem Leben schöpft, und der die Quelle des wahren Glückes nicht in äusserem Glanz und Ruhm, sondern in Zufriedenheit und Selbstbeherrschung findet.

Der Vater des Horaz sollte den von ihm ausgestreuten Samen nicht zur Reife kommen sehen. Horaz verlor seinen Vater aller Wahrscheinlichkeit nach in den ersten Jünglingsjahren; denn von dieser Zeit an

*) Serm. I, 4, 120. I, 6, 68 f.

sehen wir ihn Rom verlassen, um einen neuen Lebenspfad einzuschlagen, und finden ihn immer auf eigene Faust handelnd. In seinem 20. Jahre*) finden wir Horaz zu Athen, unter dem Schatten der Akademie, die Schulen der Philosophen besuchend. Dorthin begaben sich nämlich Roms angesehene und lernbegierige Jünglinge, theils um sich den höheren Studien, vor Allem der Philosophie, zu widmen, theils um auch durch den Verkehr mit gebildeten Kreisen sich den feinen Ton anzueignen, der ein Vorrecht der Attiker war. Wir finden hier den Sohn des Freigelassenen im Verkehr mit Jünglingen aus den ersten Familien, mit einem Messala, Bibulus, Servius, die allzeit zu seinen Freunden gehörten. Wie angenehm dieser Aufenthalt zu Athen war, wie daselbst philosophische Studien abwechselten mit geselligen Zusammenkünften und Mahlzeiten, die zwischen Meistern und Schülern Statt fanden und unter fröhlichen Scherzen und belehrenden Gesprächen zuweilen bis spät in die Nacht hinein sich erstreckten und uns an die Symposien des Plato und Xenophon erinnern, das sehen wir aus einem Briefe des jungen, zu derselben Zeit in Rom studierenden Cicero, an seinen vertrauten Freund, den Freigelassenen Tiro geschrieben¹). Hier lernte Horaz den Geist und die Anmuth der griechischen

*) Anderer Ansicht ist Aug. Arnold: das Leben des Horaz, S. 12 f. Er sagt, die gewöhnliche Meinung, dass Horaz erst in seinem 20 Jahre nach Athen gekommen sei, ermangele aller Begründung. Eher sei mit Rücksicht auf Epist. II, 2, V 81 f. anzunehmen, dass er bald nach zurückgelegtem 17 Jahre dahin kam, indem er spätestens in seinem 22 Jahre Athen verliess.

¹) Cicero Epist. ad Fam. XVI. 21.

Muse kennen, die im Verfolge auf seine Bildung einen so grossen Einfluss ausgeübt hat, dass er noch in einer seiner letzten Schriften ausruft:

Graiis ingenium, Graiis dedit ore rotundo
Musa loqui.

Aber die glücklichen Tage des Akademielebens zu Athen waren für Horaz von kurzer Dauer:

Dura (sagt er) sed emovere loco me tempora grato [1].

Wohl waren das dura tempora! Es war im Jahre 44 vor Chr., dass Julius Cäsar in der Curie ermordet wurde. Sein Tod war das Signal zu einem neuen Bürgerkriege, der an Grausamkeit alles Vorhergegangene übertraf. Es bildete sich ein Triumvirat, bestehend aus Octavianus, Antonius und Lepidus, die überein kamen die Beute Cäsars unter sich zu theilen. Diesen stellten sich Brutus und Cassius als Vertheidiger der Republik gegenüber. Diese Letzteren, genöthigt aus Italien zu fliehen, ziehen gegen Osten, nach Macedonien und Syrien, um dort eine Kriegsmacht gegen die Usurpatoren anzuwerben.

Auf seiner Reise nach Macedonien kommt Brutus auch nach Athen; seine Anwesenheit daselbst entzündet in der Jünglingsschaar das Freiheitsfeuer [2], und unter denjenigen, die sich unter die Fahnen der Republik schaaren, ist auch Horaz. Dass er nicht einer der Unbedeutendsten unter seinen Mitgenossen war, lässt sich daraus entnehmen, dass Brutus ihn zu dem Range eines Legions-Obersten (tribunus mi-

[1]) Epist. II, 2, 46.
[2]) Plutarch. Brutus 24.

litum) erhob, eine Stelle, die meistentheils nur Söhnen von Senatoren zu Theil wurde und womit das Tragen des goldenen Ringes, des Unterscheidungszeichen des Ritterstandes, verbunden war. Horaz folgte dem Brutus nach Macedonien und von dort nach Asien, nahm Theil an seinen Feldzügen gegen die widerspenstigen Lycier und gerieth dabei mehr als einmal in Lebensgefahr [1]). Im dritten Jahre rückten Brutus und Cassius mit vereinigter Macht dem Antonius und Octavianus, die nach Illyrien und Macedonien hinübergeschifft waren, entgegen, und da war es, im Herbste des Jahres 42 vor Chr., dass in den Gefilden von Philippi die doppelte Feldschlacht geliefert wurde, die der Republik den Todesstoss versetzte. Die Legionen des Brutus und Cassius, von einem panischen Schrecken erfasst, ergriffen die Flucht. Die beiden Feldherren machten ihrem Leben selbst ein Ende, während die Uebrigen ihr Heil in der Flucht suchen oder sich dem Sieger unterwerfen. Horaz gedenkt dieses unheilvollen Tages in einem Bewillkommnungsgedichte, das er zwölf Jahre später einem seiner alten Kriegskameraden, Pompejus Varus, bei Gelegenheit seiner Zurückberufung aus der Verbannung, sang [2]). „Mit dir," sagt er da, „habe ich bei Philippi gekämpft und, nicht

---

[1]) Er sagt dies selbst in dem an seinen alten Freund Pompejus Varus gerichteten Bewillkommnungsgedicht, Carm. II, 7: „O saepe mecum tempus in ultimum deducte, Bruto militiae duce." Dass er Asien besucht hat, lässt sich entnehmen aus Serm. I, 7, deren Schauplatz in Klazomenä ist, und aus Epist. I, 11, pr., wo er von verschiedenen Städten und Inseln Asiens als ihm bekannten Plätzen spricht.

[2]) Carm. II, 7.

ehrenvoll, in übereilter Flucht meinen Schild weggeworfen, an dem Tage, da der Heldenmuth zusammenbrach, und auch die Tapfersten sich tief in den Staub beugten.“ Es ist sonderbar, dass einige Ausleger in diesen Worten des Dichters ein Selbstbekenntniss der Feigherzigkeit haben finden können, anstatt darin den Ausdruck einer gekränkten Vaterlandsliebe zu sehen, vermischt mit einem leichten Scherze, welcher, so wie er es ausdrückt, amara lento temperet risu. Horaz war einer derjenigen, die der Gefahr entkamen. „Merkur,“ sagt er, „rettete mich aus dem Gedränge und brachte mich wohlbehalten nach Rom.“

Dies Ereigniss brachte eine vollständige Umwandlung in das Leben des Dichters. Wäre der Sieg auf der Seite der Republikaner geblieben, so hätte der junge Legionsoberste wahrscheinlich eine politische Laufbahn eingeschlagen. Jetzt aber waren die schönen Hoffnungen, die ihm zugelacht hatten, plötzlich zerstört, seine Traumbilder von Freiheit und Republik in Rauch aufgegangen, und, um das Maass seines Unglücks übervoll zu machen, war auch sein väterliches Landgut eine Beute der Soldaten geworden. Seiner Stellung, seines Hab und Guts beraubt, musste er nun sein Glück suchen gehen. Das Unglück machte ihn weise. Des Jagens nach Ruhm und Gunst überdrüssig, erstreckten sich seine Wünsche fortan nicht weiter als dahin, sich ein mässiges Auskommen und einen ehrenvollen Namen zu sichern. Von dem Ueberreste seines Vermögens kaufte er sich, einem Berichte des Suetonius zufolge*), das Amt eines Scriba

*) S. auch Sat. II, 6, 36

bei dem Quästor[1]) — oder wie wir heut zu Tage sagen würden die Stelle eines Sekretärs oder Referendars bei dem Ministerium der Finanzen — und von nun an begann er zugleich, wie er sagt, Verse zu machen.

Welcher Grund war es, der Horazen dazu bewog? Dies ist eine Frage, die vielleicht Niemand gestellt haben würde, ebensowenig als man fragt, was die Lerche anspornt zu singen oder die Biene ihre Honigzellen zu machen, hätte nicht der Dichter selbst dazu die Veranlassung gegeben. In einem seiner letzten Briefe, ungefähr 30 Jahre später geschrieben, sagt er, in einem Antwortschreiben, seinem Freunde Julius Florus, der ihn um ein Gedicht gemahnt hatte, unter Anderem auch dieses: „Als ich von Philippi wohlbehalten nach Hause gekommen war, mit gestutzten Flügeln, erniedrigt und verarmt, drängte mich die verwegene Armuth dazu, Verse zu machen, aber jetzt, da ich Alles besitze was mein Herz verlangt, wo wäre wohl Nieswurz genug da um mein Hirn zu säubern (mit anderen Worten: wäre ich nicht der grösste Thor), wenn ich nicht lieber auf meinem Ruhebette um zu träumen liegen, als Verse schmieden wollte[2])?" Also war Horaz, seinem eigenen Bekenntniss zufolge, aus Armuth Dichter geworden. In welchem Sinne meint er dies? dass er dem Dichten sich zuwandte um des Brodes willen, sei es um sich

---

[1]) Scriptum quaestorium comparavit. Sueton. Vita Hor. in Horatii Ed. Fr. Ritter. Prolog. p. XVIII. sq. — S. dagegen Aug. Arnold, das Leben des Horaz S. 15.

[2]) Epist. II, 2, 49 ff.

ein Honorar zu verdienen, oder es um sich reiche Protektoren zu erwerben? Weder das Eine noch das Andere ist wahrscheinlich. Horaz machte kleine Gedichte und damit war wenigstens kein grosses Honorar zu verdienen; und seine ersten Dichtungsversuche waren auf nichts weniger als darauf berechnet ihm reiche Beschirmer zu verschaffen: es waren nämlich Hohn- und Spottgedichte. Keines von beiden kann also von dem Dichter beabsichtigt worden sein. Vielmehr, sagen die neuesten Ausleger*), müssen die Worte des Horaz so verstanden werden, dass der Aerger über die Erniedrigung in die er sich gebracht sah und vor Allem das Bewusstsein nichts mehr zu verlieren zu haben, dass das die audax paupertas war die ihn Verse und zwar insbesondere Satiren zu machen anspornte. Für sich selbst lässt sich diese Erklärung wohl hören, aber sie stimmt nicht zu den eben erwähnten Worten des Dichters. Aus der Entgegensetzung des „ehemals" und „jetzt", leuchtet, meines Erachtens, genugsam hervor, dass hier durch den Dichter seine frühere Armuth seinem gegenwärtigen Ueberflusse gegenüber gestellt wird. „So wie die erste, sagt er, mich damals anspornte Verse zu machen, so veranlasst mich nun die letzte meiner Ruhe zu pflegen"· dies zeugt also deutlich, dass unter der audax Paupertas in der That nichts Anderes verstanden werden darf, als die Göttin *Πενία*, die gepriesene Mutter aller Künste. Man hat gleichwohl

*) Strodtmanns Horatius' lyr. Gedichte. Einl. S. 46—51, hat über diese Worte einen besonderen Excursus.

überhaupt bemerkt, dass der Dichter hier seiner Gewohnheit zufolge im Scherze von sich selber spricht. Um das lästige Ansuchen seines Freundes Florus los zu werden, stellt er sich als ob ihn nicht die Muse, sondern, gleich so manchem Brodschreiber, Armuth allein zum Dichten angereizt hätte, und dass in Folge hievon gegenwärtig, wo die Armuth nicht mehr dränge, auch seine Dichterader versiegt sei. Das ist offenbar nichts als Ironie; es ist ein Scherz, hinter dem jedoch eine allgemeine Wahrheit steckt, nämlich die, dass Armuth oft ein Sporn für das Talent ist, dagegen Ueberfluss manches Talent einschlummern lässt. „Reichthum, sagt Jean Paul, erdrückt das Talent mehr als Armuth· unter Goldbergen und Thronen liegt wahrscheinlich so manches riesige Genie begraben."

Als Horaz nun zum ersten Mal als Dichter auftrat, war es doch sicher nicht das erste Mal, dass er seine Dichterader auf die Probe stellte. In einer seiner Satiren erzählt er, dass ihm, als er griechische Verse zu machen begonnen hatte, Vater Quirinus nach Mitternacht erschienen sei und zu ihm gesagt habe: „es sei eben so grosse Thorheit die Zahl der griechischen Dichter vermehren zu wollen, als Bäume in ein Gehölz zu führen [1])." Obschon ich nun sehr geneigt bin, diese Erzählung, ebenso wie die früher vom Vultur gemeldete, oder ein weiteres Ungefähr, nämlich eine ihm durch eine Wahrsagerin gemachte Prophezeiung [2]), für einen Scherz zu halten, ersonnen

[1]) Serm. I, 10, 32 f.
[2]) Serm. I, 9, 29 f.

um das Thörichte eines derartigen Versuchs anzudeuten, so macht es gleichwohl des Horaz Bekanntsein mit griechischer Sprache und griechischem Versmaass mehr als wahrscheinlich, dass er auch in dieser Sprache seine ersten dichterischen Versuche abgefasst hat [1]). Aber sein gesunder Verstand sagte ihm, dass dies ein nutzloses Werk wäre, mit dem keine Ehre aufzuheben sei.

So begann also Horaz von nun an sich vor allem der Dichtkunst zu widmen und die ersten Früchte seiner Muse waren Jamben und Satiren. Unter den Ersteren werden Spottgedichte auf besondere Personen, unter den Letzteren Tadelgedichte auf allgemein herrschende Gebrechen mit Seitenblicken auf einzelne Individuen, verstanden. An Stoff dazu konnte es in einer Zeit wie diese, in der eine blutige Revolution und Bürgerkrieg eine gänzliche Umwandlung der Gesellschaft und des Lebens bewirkt hatten, nicht mangeln. Viele angesehene Männer waren durch das Schwert weggerafft, andere zur Verbannung verurtheilt; nicht wenige vermögende Bürger waren in Armuth verfallen und hatten Glückskindern, die von Nichts aus zu Ehre und Ansehen emporgestiegen waren, Platz gemacht, mancher wohlhabende Landmann sah seine Besitzungen durch die Soldaten des

[1]) Ritter meint, dass einige der Epoden, namentlich Epod. 7, 13 und 16, die ihm vor der Niederlage bei Philippi verfertigt zu sein scheinen, von Horaz ursprünglich in griechischer Sprache gedichtet, später aber von ihm selbst ins Lateinische übersetzt worden seien. S. Preiss p. XV sq. Eine Meinung, deren Vertheidigung ich nicht gerne übernehmen möchte.

Singern eingenommen. Man sah auf der einen Seite nur Armuth und Erniedrigung, auf der anderen wieder zügellosen Luxus und Verschwendung. Die öffentliche Sittlichkeit war vor Allem bei den höheren Classen sehr tief gesunken; eheliche Treue war eine Seltenheit, Gewinnsucht und Geldgier die Triebfeder der Hohen und Niedern. Alle Laster, Thorheiten und Zügellosigkeiten, die eine Revolution ins Leben ruft, waren damals in Rom reichlich vertreten. Die Stadt gewährte den Anblick einer Mischung der sonderbarsten Kontraste. Da gewahrte man einen Obersten, vor wenigen Jahren erst als Sclave nach Rom gebracht, nun mit seinen Schimmeln über die via Appia trabend, oder im weiten Staatskleide auf der via Sacra wandelnd und aus seiner Höhe auf Andere niedersehend. Dort einen von einem Dienerschwarm begleiteten Hofsänger, der in wenigen Tagen Schätze gewann und vergeudete. Da wieder einen Pamphletschreiber, der Jeden angriff, von dem er keine Gegenrache zu fürchten hatte. Hier ein Stoiker mit langem Gesicht, der, seit er sein Vermögen durch Liebhabereien und Alterthümeleien verloren, den Philosophenmantel umgehangen hatte und jetzt als Sittenprediger auftritt. Dort ein Epikuräer, der die Gastronomie als eine Wissenschaft docirt. Endlich ein Heer von Glücksrittern, unter welchen diejenigen die auf Erbschaften alter Freier und Freierinnen Jagd machten nicht die unglücklichste Rolle spielten, so wie unter dem weiblichen Personal die Kupplerinnen und Giftmischerinnen. Diese und dergleichen Personen und Charaktere lieferten reichlichen Stoff zu Satiren, und wurden jetzt durch Horaz bald im ernsteren bald im scherzenden Tone an den Pranger gestellt.

Seine ersten dichterischen Versuche machten Glück; manches witzig Gesagte, mancher Vers worin bekannte Personen gehechelt wurden, wie z. B. dieser:

Pastillos Rufillus olet, Gargonius hircum ¹).

liefen in der ganzen Stadt herum.

Das Talent des jugendlichen Schriftstellers brachte ihn mit Virgilius und Varius in Berührung, und wohl bald bildete sich zwischen diesen drei Dichtern ein Freundschaftsband, das bis zu ihrem Tode Stand gehalten. Sie bildeten den Kern einer neuen Dichterschule, die sich die Aufgabe stellte Latium mit einer poetischen *Literatur* zu bereichern, die an Eleganz und Anmuth mit der griechischen wetteifern könne. Virgil war damals mit seinen Georgica beschäftigt ²). Varius widmete sich der Tragödie und Horaz fuhr fort Satiren zu schreiben. Die beiden Ersten genossen die Beschützung, oder ich möchte lieber sagen, die Freundschaft des Mäcenas, und auf ihre Anempfehlung wurde auch Horaz diesem Staatsmann vorgestellt. Unser Dichter beschreibt die erste Zusammenkunft, welche in der Mitte des J. 39 vor Christo Statt fand, auf naive Weise: „Vorgelassen, sagt er, sprach ich einige abgebrochene aber ungekünstelte Worte; ich sagte wer und was ich sei, empfing darauf eine kurze Antwort, und kehrte wieder nach Hause zurück." Neun Monate hörte nun

¹) Serm. I, 2, 27. Vgl. Serm. II, 1, 45: „Qui me commorit — Flebit et insignis tota cantabitur urbe."

²) S. Car. Franke: Fasti Horat. p. 28 sqq.

Horaz nichts Näheres von Mäcenas; — ein Beweis, dass dieser in der Wahl seiner Leute nicht übereilt zu Werke ging — hierauf empfängt er dann eine Einladung an seine Tafel und Mäcenas nimmt ihn in amicorum numerum auf*)

So ward Horaz convictor Maecenatis, der Tafelfreund des Mannes, der damals an Ansehen und Einfluss über Alle hervorragte. Mäcenas war die rechte Hand Octavian's bei der Leitung der Staatsangelegenheiten, wie Agrippa dasselbe in Kriegsangelegenheiten war, zugleich war er aber auch der mildthätige Beschirmer der Künste, der Freund der Dichter die das Zeitalter des Augustus verherrlicht haben

Ueber den Charakter dieses Staatsmannes hat man sehr verschieden geurtheilt**), wobei man jedoch nicht im Auge behalten hat, dass er seiner Herkunft nach Etrusker war, dass nicht römisches, sondern tuskisches Blut in seinen Adern floss. Gewiss ist Mäcenas nicht frei zu sprechen von unmässiger Liebe zur Ueppigkeit und Pracht, ebenso wenig von mehr als männlicher Biegsamkeit; aber diese Schwachheiten wurden anderseits durch ausgezeichnete Eigenschaften aufgewogen. Er gibt das seltene Bild eines Staatsmanns, der sich ganz der Verwirklichung desjenigen weihte, worin er das Heil und Wohl des Staates sah; all' seine Kräfte und Talente weihte er der Gründung der Monarchie und der Befestigung der Macht desjenigen, dem er zu dieser hohen Auf-

*) Horat. I, 6. 54 ff

**) S. Weber Q. Horatius Flaccus als Mensch und Dichter, p. 143 ff

gabe berufen glaubte; und dies hat er mit einer Selbstverläugnung und zugleich mit einem Freimuth gethan, die ihm die dauernde Geneigtheit von Fürst und Volk erwerben haben. Als Beschirmer der Künste und Wissenschaften legte er einen feinen Takt und ein richtiges Urtheil an den Tag, indem er nur diejenigen in seinen Kreis aufnahm, die eine Zierde ihrer Zeit geworden sind; und sein Edelmuth ging so weit, dass er seine Günstlinge von sich unabhängig machte und mit ihnen nicht auf dem Fusse eines Beschirmers, sondern eines Freundes verkehrte. So ist denn Mäcenas das glänzende Vorbild der edlen Begünstiger der Künste und Wissenschaften geworden, die 15 Jahrhunderte später seinem Geburtslande zur Zierde gedient haben und das Jahrhundert des Augustus in dem der Medici's wieder aufleben liessen.

Ungefähr ein Jahr nach dem ersten Bekanntwerden treffen wir die drei jugendlichen Dichter in Gesellschaft des Mäcenas und einiger Freunde auf einer Reise nach Brundusium, wohin dieser Staatsmann von Octavian gesandt worden war um eine Versöhnung mit Antonius zu Stande zu bringen. Horaz gibt in einer seiner Satiren eine unterhaltende Beschreibung dieser Reise, die zugleich als eine Probe dienen kann, welch' ein ungezwungener Verkehr zwischen Mäcenas und seinen Freunden Statt hatte [1]).

Unter all' den Freunden war jedoch keiner, dem er sich inniger anschloss und mit dem er vertraulicher umging als Horaz. Der Grund hievon ist in der

[1]) Horaz I, 5

Uebereinstimmung Beider, was Geschmack und politische Denkweise betrifft, zu suchen. Bei aller Verschiedenheit des Standes und Charakters bestand doch zwischen dem ehemaligen Legionsobersten des Brutus und dem Staatsdiener des Augustus in einem Punkte grosse Gleichheit. Horaz war der Sohn eines Freigelassenen (libertinus), durch keine Geschlechtserinnerungen an die alte Ordnung der Dinge gebunden; Maecenas war, wiewohl von altem etruskischen Adel, doch als römischer Bürger ein homo novus, mit dem Range eines römischen Ritters. Beide waren in gleichem Maasse, der Erstere durch seinen Charakter, der Letztere durch seine Stellung, erhaben sowohl über das Jagen nach der Volksgunst als über die Anmassungen der Nobiles. Horaz kannte keinen anderen Ehrgeiz als den unabhängig zu sein; Mäcenas wünschte keinen anderen Titel als den eines Eques Romanus. Beide stimmten darin überein, dass sie persönliche Talente und Verdienste höher schätzten als Titel und Stammbäume, Beide mussten also einander leicht die Hand reichen können in einer Zeit, worin Verschiedenheit von Rang und Stand vor der souverainen Gewalt des Herrschers in den Schatten trat, und worin persönlicher Einfluss mehr galt als als eine Reihe von Ahnen. Die Freundschaft zwischen beiden Männern hat bis an das Ende ihres Lebens ohne Unterbrechung fortgedauert; Horaz ehrte den Mäcenas stets als seinen Wohlthäter und bewies ihm die innigste Anhänglichkeit; ihm hat er seine ersten und seine letzten Gedichte gewidmet [1]); Mäcenas liebte

[1]) „Prima dicte mihi, summa dicende Camena" Epist. I, 1

Horazen als seinen auserlesenen Freund (Ego quem, vocas dilecte, Maecenas *)), an dessen offenem Herzen, hellem Verstand, aufgeräumtem Geist und feinem Geschmack er Erquickung und Theilnahme fand in Freude und Leid.

Das Bekanntwerden mit Mäcenas eröffnet eine neue Periode in dem Leben unseres Dichters.

Horaz war nun eingeführt in den glänzenden Kreis, wo neben auserlesener Pracht und Ueppigkeit ein feiner und zugleich ungezwungener Ton herrschte. Er kam in Berührung mit den ersten Männern dieser Zeit, worunter wir die glänzenden Namen eines Messala, einer der ersten Redner dieser Zeit, eines Asinius Pollio, der nicht minder als Feldherr denn als Staatsmann geachtet ward, ferner Agrippa, den grössten Kriegsobersten seiner Zeit finden, ohne einer Anzahl seiner früheren Studien- und Kriegsgenossen zu gedenken, mit welchen das alte Freundschaftsband erneuert wurde **). Unter diesen Männern waren viele, die, gleich Mäcenas selbst, die Pflege der Wissenschaften und Künste mit ihren Staatsgeschäften vereinten. Konnte es wohl anders sein, als dass der Verkehr in diesem Kreise Horaz mit den Zeiten und Verhältnissen versöhnte, und seine frühere Bitterkeit seiner natürlichen Fröhlichkeit Platz machte? Das Vaterland, der Staat, die ihm früher unrettbar verloren schienen, die sein taedium gewesen, wurden

*) Carm. II, 20.

**) Die vornehmsten derselben findet man genannt in Serm. I, 10, 81 ff. Ueber die Zeitgenossen des Horaz im Allgemeinen s. Fabr. Prosopographia Horat. Amst. [illegible]

jetzt mehr und mehr sein *desiderium* [6]); und der *Dichter*, der noch vor wenigen Jahren keine andere Hülfe gesehen hatte, als mit dem besten Theile der Bürgerschaft dem Vaterlande Lebewohl zu sagen [7]), wünschte jetzt nichts mehr als dass ein dauernder Friede die Wunden des Bürgerkrieges heilen möchte.

Fragen wir, welchen Einfluss der Umgang mit Mäcenas auf Horazens Bildung gehabt hat, so ist einerseits nicht zu verkennen, dass er dem Leben in den hohen Kreisen den ihn auszeichnenden urbanen Ton, die Gabe das Ernsthafte mit Anmuth, das Alltägliche mit Witz zu würzen, zum grossen Theile zu danken hatte. Jedoch auf der anderen Seite musste auch der Geist des Epikureismus, welcher in den Palästen der Grossen herrschte, auf sein Denken und Leben von Einfluss sein [8]), und ihm, besonders in seinem Jugendfeuer eine Hinneigung zum Sinnengenuss geben, der sich mit den Vorschriften einer strengeren Sittenlehre schwer vereinigen liess.

Die enge Verbindung, die zwischen Mäcenas und Octavian bestand, musste von selbst auch unseren Dichter gegen den Triumvir günstiger stimmen. Dennoch aber scheint er sich stets in Entfernung von dem Manne gehalten zu haben, gegen den er einmal die Waffen getragen hatte. Wenigstens in dem ersten Buche der Sermones (Satiren), welches er in dieser

[6]) Carm. I, 14, 17 f.

[7]) S. Epod. 16. Altera iam teritur bellis civilibus aetas etc.

[8]) Auf die Lehre Epicurs geht dasjenige, was er in seiner Beschreibung der Reise nach Brundisium Serm. I, 5, 101 sagt: namque deos didici securum agere aevum.

Zeit revidirt veröffentlichte, wird der Name des Caesar nur ein einziges Mal im Vorbeigehn genannt [1]). Erst 10 Jahre nach der Schlacht von Philippi, als Antonius Italien mit dem Bürgerkriege bedrohte, als Kleopatra es wagte ein begieriges Auge auf das Kapitol zu werfen, als Angst und Entrüstung die ganze Bürgerschaft erfüllte, da bekam auch bei unserem Dichter das Nationalgefühl die Oberhand und erklärte er sich bereit mit Mäcenas unter den Fahnen des Octavian zu kämpfen [2]). Mäcenas blieb jedoch in Rom, wo ihm durch Caesar, während seiner Abwesenheit, die Präfektur über Italien übertragen worden war. Als dann die Kunde von dem Siege bei Aktium und von der Flucht des Antonius und der Kleopatra nach Rom kam, da erreichte bei der allgemeinen Freude auch die Fröhlichkeit des Horaz den Gipfelpunkt, und er strömte sein Gefühl in zwei dithyrambischen Liedern aus, das eine an Mäcenas, das andere an seine Kameraden gerichtet, die ein echt vaterländisches Gefühl athmen [3]). Von nun an wurde der ehemalige Gegner des Octavianus ein warmer Fürsprecher des Caesar Augustus.

Verdient diese Aenderung der Denkweise den Tadel der Grundsatzlosigkeit, den Einige auf ihn geworfen? Wahrlich die Geschichte früherer und späterer Tage weist manches Beispiel eines schnellern Wechsels auf, als wir bei Horaz bemerken. Aber ist

---

[1]) Serm. I, 3, 4

[2]) Epod. I.

[3]) Epod IX. „Quando repostum Caecubum“ etc u. Carm. I, 37. „Nunc est bibendum“ etc

der Dichter in seiner Verehrung des Augustus nicht doch zu weit gegangen? Ist er wohl von Schmeichelei frei zu sprechen, wenn er ihn als „den Sohn der Maja“, als „einen Himmelsbewohner in menschlicher Gestalt“ darstellt[1])? Ich will dies nicht ganz vertheidigen; indessen muss dabei der Unterschied zwischen der Sprache der Poesie und der der besonnenen Prosa nicht aus dem Auge verloren werden. Bei den Römern bezeichnete solcher Ausdruck nichts anderes, als wenn wir einen verehrten Fürsten einen „Friedensengel“ einen „Boten des Himmels“ nennen würden; und würde ein derartiger Ausdruck in dem Munde eines lyrischen Dichters wohl als Schmeichelei angesehen werden? Dass Augustus, seit er zur Alleinherrschaft erhoben war, sich, der allgemeinen Ansicht nach, dieses Ehrennamens würdig gemacht hatte, ist nicht zu verkennen. Sein Edelmuth als Caesar machte seine Grausamkeit als Triumvir vergessen, und seine Regierung eröffnete für Rom eine neue und viel versprechende Zeitperiode. Während nach Aussen die Autorität des römischen Namens bis zu den entlegensten Völkern, den Britten und Parthen, vorgedrungen war, wurde in Rom, Italien und in den Provinzen die Ruhe und Ordnung wieder hergestellt; die Verwaltung der Finanzen wurde geregelt, die verfallenen geistlichen Aemter wieder mit Glanz umgeben, die öffentliche Sittlichkeit befördert. Künste und Wissenschaften, Handel und Industrie blühten und der Tempel des Janus wurde, zum Zeichen

[1]) Carm. I, 2, 41 ff.

des allgemeinen Friedens, geschlossen. Ist es ein Wunder, dass Rom und die Welt, so lange misshandelt, sich unter dieser Regierung glücklich fühlten und den zweiten Caesar als einen Abgesandten des Himmels begrüssten? Horaz war, der Bürgerkriege müde, ein Mann des Friedens, und wenn er in der Erhebung des Augustus zu weit gegangen ist, so hat er diese Verirrung mit einem guten Theile der besten seiner Zeitgenossen getheilt [1].

Uebrigens war das Verhältniss des Horaz zu Augustus ganz verschieden von dem zu Maecenas. In dem letzteren ehrte und liebte er den Freund, in dem ersteren huldigte er dem Oberhaupte des Staates, dem Pater atque Princeps, von dem er sich immer in ehrerbietiger Entfernung hielt. Wohl trachtete Caesar den Dichter näher mit sich zu verbinden; er machte ihm sogar das Anerbieten auf vertrautem Fusse mit ihm umzugehen; er bot ihm sogar die Stellung seines Privatsekretärs (Epistolarum officium) an [2], so dass der Dichter mit Recht sagen konnte: *pauperem dives me petit;* Horaz wies aber diese Anerbietungen und ebenso die wiederholten Aufforderungen die Thaten des Augustus in einem Heldengedichte zu besingen, beharrlich von der Hand [3], und er that dies mit einer Urbanität und zugleich mit einer Standhaftigkeit, die ebenso von seinem Talent

---

1) S. van *Ommeren:* Quintus Horatius Flaccus, S. 147 ff.

2) Man findet die Sache ausführlich bei *Suetonius.* Vita Horatii erwähnt.

3) S. Carm. I, 6 an Agrippa; II, 12 an Maecenas; IV, 15 (im Anfange) an Augustus.

wie von seinem Charakter Zeugniss geben. Durch solches Handeln bewahrte der Dichter seine Unabhängigkeit, und so blieb zugleich das Oberhaupt des Staats für ihn in den blendenden Nimbus gehüllt, welcher bei einem näheren Verkehr mit Augustus so leicht hätte in Rauch verfliegen können.

Aber kehren wir zu der poetischen Laufbahn des Horaz zurück. Es war ungefähr zwei Jahre vor der Seeschlacht von Aktium, als Mäcenas dem Dichter, nach der Herausgabe des ersten Buches seiner Satiren, als ein bleibendes Unterpfand seiner Freundschaft ein Landgut schenkte, das ihn für den früher erlittenen Verlust seines väterlichen Erbgutes in reichlichem Maase entschädigte. Es war dies das bekannte, nicht fern von Rom in einer malerischen Gegend gelegene Sabinum, ein schattiges Thal, geschützt gegen Norden und Süden durch Bergketten, die mit Gehölz, Strauch- und Buschwerk bewachsen den weidenden Heerden reichliche Nahrung lieferten. Ein schattenreicher Eichenwald und ein frischer Bach (die Digentia), der sich durch das Thal schlängelte, machten es zu einem kühlen Zufluchtsorte in den Hundstagen, und die Trümmer eines alten Tempels (der Vacuna) boten einen romantischen Anblick dar. Das Landgut umfasste, ausser dem Herrenhause sammt Zugehör, 5 von wohlhabenden Pächtern bewohnte Bauerngüter, deren Abgaben dem Besitzer ein reichliches Einkommen lieferten. Mit Recht durfte daher der Dichter ausrufen: Hoc erat in votis[1]! Sobald

---

[1]) Horaz beschreibt seine Villa Serm. II, 6 passim. und Epist. I, 16 passim. Auch in mehreren Oden erwähnt er dasselbe

seine Verbindungen und Verhältnisse, die Erfüllung von Freundschafts- und Bürgerpflichten es ihm gestatteten, entfloh er dem Stadtgewühl und nahm die Zuflucht zu seinem Landgut. Dort vertheilte er seine Zeit unter die Beschäftigungen des Landlebens und die Studien. Die Studien bestanden theils in der Lectüre der griechischen und lateinischen Dichter und Prosaiker, theils in der Ausübung der Dichtkunst. Aus seinen Schriften geht hervor, dass er mit den lateinischen Dichtern, den älteren wie den neueren, von Ennius und Plautus an bis auf Catullus und Lucretius hin, genau bekannt war, übrigens ihm auch die Erzeugnisse seiner Zeitgenossen nicht entgingen. Unter den griechischen Schriftstellern waren es vorzugsweise Alcaeus und Sappho, Archilochus und Eupolis, Plato und Menander**), die ihn fesselten. Dass sein Dichtertalent nicht einschlummerte, hiefür dient die Herausgabe eines zweiten Buches Sermonen, dem nach kurzem Zwischenraume ein Buch Jambi (Epodi) folgte, zum Beweise.

Wenn wir die zwei Bücher umfassenden Satiren unter einander vergleichen, so lässt sich darin nicht undeutlich wahrnehmen, wie die Kunst und der Geschmack des Dichters sich allmälig verfeinern und veredeln. Zu seinen ersten Satiren gehören Rupilius

---

*) Carm. I, 17. II, 16. Von der Digentia, jetzt Licenza, spricht er Epist. I, 18, 104. von dem fanum putre Vacunae Epist. I, 10, 49. Eine sorgfältig gearbeitete Beschreibung, mit Berücksichtigung der neuesten Nachforschungen, giebt Noël des Vergers: Vie d'Horace (vor der Ausgabe von Didot).

**) Serm. II, 3, 11 f.

(I, 7) und Cupiennius (I, 2). Beide tragen die Färbung der ersten Comoedia an sich. In der ersten wird Rupilius Rex, ein Aristokrat in den Reihen der Republikaner, auf eine Weise bloßgestellt, die das Gepräge persönlicher Feindschaft an sich trägt, und in der zweiten werden die schändlichen Liebschaften dieser Zeit durchgehechelt, und zwar in Ausdrücken, die das Verächtliche der sinnlichen Begier zuweilen allzu natürlich zur Schau stellen. Obschon die Alten in diesem Punkte nicht so zart waren und auch Horaz sich mehrmals, besonders in Spott- und Hohngedichten, freiere Ausdrücke erlaubt[1]), gehören gleichwohl die Gedichte von dieser Färbung meistentheils zu den ersten Erzeugnissen seiner poetischen Studien. Unter allen seinen Satiren ist keine, die in dieser Beziehung mit den so eben genannten gleichsteht, ausgenommen eine, die vorletzte des zweiten Buchs; jedoch hier ist es nicht Horaz selbst, der spricht, sondern sein Sclave Davus, der von der libertas Decembris[2]) Gebrauch macht, um seinem Herrn und Meister einmal auf seine Weise die Lektion zu lesen. In den übrigen Satiren wird der Ton des Dichters sanfter, die Sprache zarter; es herrscht darin mehr die Färbung der Comoedia nova; es ist, als ob er dasjenige fühlte, was er selbst irgendwo sagt:

Ridiculum acri
Fortius et melius magnas plerumque secat res[3]).

---

1) S. z. B. Epod. 8 u. 12. Carm. I, 25.
2) Das bekannte Fest der Saturnalien.
3) Serm. I, 10, 14.

Zugleich zeigt sich in der Form und Einkleidung, besonders in dem zweiten Buche, eine Verschiedenheit, die von dem zunehmenden Kunstgeschmacke des Dichters Zeugniss giebt. Dasselbe lässt sich auch beim Betrachten der Epoden bemerken.

Mit der Herausgabe der Satiren und Epoden schliesst die erste Periode und öffnet sich ein neuer Zeitraum in der dichterischen Laufbahn des Horaz.

In dem Genusse des ruhigen Behagens des Landlebens und im Besitze einer unabhängigen Lage, in welche er durch die Mildthätigkeit des Maecenas versetzt war, fühlte er sich neu aufgemuntert die Laute zu ergreifen und nach dem Ehrennamen von Roms lyrischem Sänger zu streben. Es war eine glückliche Wahl und der Dichter folgte gewiss seiner natürlichen Anlage, als er nicht, wie Viele ihm riethen, seine Kräfte dem Heldengedichte, sondern dem lyrischen Gedichte weihte. Sein lebendiger Geist, sein reizbares Gefühl, sein offenes Herz, empfänglich für alle Empfindungen und Genüsse, endlich sein musikalisches Gehör machten ihn vorzüglich geeignet für die Poesie, welche die Eindrücke Gedanken, Gemüthszustände des Augenblicks in lebendigen Bildern darstellt. Obschon es nicht zu bezweifeln, dass Horaz bereits früher in seiner Jugend Proben von seiner Anlage zum lyrischen Dichter gegeben, so war es doch erst um sein 36. Jahr, dass er sich ganz dem Dienste der Clio weihte, und er hat es dahin so weit gebracht, dass ihm ohne Widerrede der Ehrenname des ersten *lyricus Latinus* anerkannt worden ist.

Die Oden des Horaz sind, im weiteren Sinne des

Worte, Gelegenheitsgedichte, d. i. solche, die durch den Eindruck von Vorfällen, Ereignissen, Angelegenheiten des Augenblicks, sowohl öffentliche als private, in das Leben gerufen wurden. Es sind die Sorgen und Plagen, die Annehmlichkeiten und Bitterkeiten, die sowohl Freundschaft oder Liebe als die uns umgebende Welt verschaffen: häusliche oder öffentliche Feste, Staatsereignisse, Schicksalswechsel, gesellschaftliche Zustände, Naturscenen, und die dadurch hervorgebrachten Eindrücke, diese sind es, welche den Gegenstand seiner Lieder bilden. Eben das aber ist es gerade, was der Poesie, Frische, Kraft, Wärme giebt und bei dem Leser den Eindruck erweckt, welcher durch die unmittelbare Anschauung und Wahrnehmung hervorgebracht wird. Alle Gestalten des lyrischen Gedichts findet man in seinen Gesängen vor die Augen geführt: Oden, Hymnen, Lieder; die grössten Verschiedenheiten der Form und des Inhalts, in fröhlichem und ernstem, in höherem und niederem Tone gehaltene, wechseln unter einander in bunter Abwechselung ab.

Wenn man einen Theil derselben herausnimmt und die darin enthaltenen Gedichte nach den Gegenständen ordnet, so lassen sie sich vornehmlich in diese drei Gruppen vertheilen:

1) Lieder, worin die *Empfindungen* und Gemüthszustände des Dichters oder die durch besondere Vorfälle und Begegnisse hervorgebrachten Eindrücke ausgedrückt sind. Dazu gehören Liebesgedichte und Trinklieder, Herzensergiessungen in Folge von Freundschaft oder Abneigung, von Freude oder Trauer und dergleichen. Man würde diese Gedichte mit dem Namen

von pathetischen bezeichnen können, wenn man dies Wort nicht, so wie es gewöhnlich geschieht, in dem engeren Sinne von leidenschaftlichen Empfindungen nähme.

2) Gedichte, worin eine sittliche Idee ausgedrückt ist, eine Sentenz oder Maxime, auf eine besondere Person oder besondere Umstände angewendet. Man würde diese ethische Gedichte nennen können.

3) Oden, die wir mit dem Namen politische Gedichte bezeichnen können, nämlich solche, die auf das öffentliche Leben, den Staat und die Religion Beziehung haben. Hier tritt der Dichter als Volksdichter auf, sei es um heitere oder traurige Tage zu besingen, oder um das Lob hervorragender Männer zu verkündigen, sei es, um Feste oder Einrichtungen zu verherrlichen, sei es, um die Tugenden der Vorfahren zu preisen oder die entartete Nachkommenschaft über ihre Schande erröthen zu machen.

In jeder dieser Dichtungsarten zeigt sich Horaz als Meister seiner Aufgabe. Er gleicht dem Harfenspieler, der mit derselben Fertigkeit seinem Saitenspiele jetzt sanfte und liebliche Töne zu entlocken weiss, welche die Seele liebkosen oder rühren, dann wieder kräftige Akkorde, die das Gemüth ergreifen und zum Ernste stimmen. Wohl mag Jemand der Ansicht derer beistimmen, die da meinen, dass die Leyer des Horaz von Natur mehr für das Fröhliche und Witzige als für das Ernste und Erhabene gestimmt war, jedoch wird Niemand, der die Oden liest, womit das dritte Buch eröffnet wird, verkennen, dass Inhalt und Führung dieser Gesänge dem feierlichen Eingang: Odi profanum vulgus entspricht — und dass der Ton würdig ist des Musarum sacerdos, der auftritt, um Jünglinge und Mädchen über Tugend und Weisheit zu belehren. Gleichwohl kann ich begreifen, dass Mancher sich noch mehr durch die ethischen Dichtstücke, worin Ernst mit Lieblichkeit gepaart geht und worin uns schöne Gedanken und zierliche Bilder, wie goldene Aepfel auf silbernen Schüsseln, vorgesetzt werden, angezogen fühlt, als durch die heiteren Lieder oder die feierlichen Oden.

Ein sehr beträchtlicher Theil der Lieder des Horaz ist wohl dem Amor und dem Bacchus gewidmet, so dass diese zusammen genommen sicher nicht den kleinsten Theil seiner Gedichte ausmachen. Nicht selten aber versetzt uns der Dichter auch in den kleinen Kreis vertrauter Freunde, die durch Wein die Sorgen vertreiben, in die Mitte eines fröhlichen Trinkgelages oder eines Festmahles, wo bei dem funkelnden Falerner die Herzen sich erschliessen, während die Freude zuweilen durch die Anwesenheit eines Liebchens oder durch die Töne einer Citherspielerin noch erhöht wird. Und wer weiss nicht, wie gross die Zahl der Schönen ist, deren Namen in den Liedern des Horaz prunken? Jetzt ist es eine Lydia, der er seine Liebesgluth erklärt; dann eine Pyrrha, der er ihren Leichtsinn vorwirft; jetzt eine Glycera, die ihn durch ihre Blicke bezaubert, dann eine Lalage, deren Lachen und Kosen ihn fesselt; dann wieder eine Barine, der er ihren Meineid vorwirft, eine Phyllis, mit der er sein Leben zuzubringen wünscht. Genug; die Menge der Schönen, welchen der Dichter seine Bitten, Wünsche oder

Vorwürfe, denen zuweilen bald auch Palinodien folgten, zuwendet, ist übergross. Man hat daraus zur Würdigung des sittlichen Charakters Horazens eine Folgerung gezogen, die wir nicht unerwähnt lassen können. Sind alle diese Grazien abwechselnd der Gegenstand seiner Liebe gewesen, dann würde man wahrlich autorisirt sein, Horaz für den Don Juan seiner Zeit zu erklären. Ein Klosterbruder des Mittelalters endigt eine durch ihn verfertigte Abschrift der Gesänge des Horaz mit einem Spruche auf den Dichter, der also lautet: „Explicit opus divini Flacci Venusini, viri ebriosissimi, libidinosi, Epicureorum voluptuosissimi" etc. [1]), d. i.: „Hier endigt das Werk des göttlichen Flaccus, des grössten Trunkenboldes und Wüstlings, des genusssüchtigsten Epicuräers" etc. Man mag sich verwundern, wie Jemand, der so über Horaz dachte, den Muth gehabt hat, seine Gedichte bis zu Ende abzuschreiben; oder geschah es vielleicht der Reinigung seines Gewissens wegen, dass er am Schlusse dieses Urtheil über den Dichter ausgesprochen hat? Ich lasse dies bei Seite; die Frage ist blos: Ist dies Urtheil begründet? Hat man Ursache Horazen für einen Genussmenschen und Wüstling zu erklären?

Dass es in dem Leben des Dichters eine Zeit gegeben, in der er, plötzlich in den Schoos der Ueppigkeit versetzt, mehr als gebührend war der mollis inertia, wie er es nennt (dem dolce far niente), sich hingegeben hat, kann man nicht läugnen [2]), wohl

[1]) S. Kirchner Nov. Quaest. Horat. p. 49

[2]) S. z. B. Epod. 14.

aber kann ich die Versicherung geben, dass Horaz nicht im Entferntesten so schwarz gewesen ist, als ihn Einige, auf Grund seiner Liebesgedichte und Tafellieder, geschildert haben.

Um hierüber nach Billigkeit zu urtheilen, muss man zuerst auch bei Horaz in Anwendung bringen, was von den Dichtern im Allgemeinen gilt, nämlich dass ein Unterschied zwischen Poesie und Wirklichkeit gemacht werden muss. Wenn auch die Gestalten, Zustände, Leidenschaften, die der Dichter schildert, aus dem Leben gegriffen sind, so kommt doch kein geringer Theil davon der Phantasie zu. Einzelne Begegnisse und Eindrücke sind genug, um dem dichterischen Geiste Stoff zur Ausmalung einer ganzen Reihe von Bildern und Zuständen, die im Leben vorkommen, zu liefern. Bedenken wir auch, dass viele der Schönen dichterische oder erdichtete Namen tragen, welche eine Beschaffenheit oder Eigenschaft bezeichnen, wie eine Pyrrha, eine Lalage, eine Barine, und dass es mehr als wahrscheinlich ist, dass verschiedene dieser Benennungen auf eine und dieselbe Person Beziehung haben, dann wird schon dadurch die Rolle, welche die Phantasie hier spielt, deutlich und zugleich die Zahl der Geliebten des Horaz beträchtlich vermindert.

Dazu kömmt noch Dies. Die Poesie ist gebunden an ihren Gegenstand und abhängig von dem Geschmack. Zu allen Zeiten und unter allen Himmelsstrichen hat in dem lyrischen Gedichte eine hervorragende Rolle Amor, der mächtigste der Dämonen, wie er von den Alten genannt wird, die Liebe, sei's in mystischer, idealer oder natürlicher Gestalt, gespielt. Horaz hatte die lyrischen Dichter der Griechen, Alcaeus, Sappho, Anacreon u. a. zu seinem Vorbild, deren Laute zum grossen Theile dem Lobe der Göttin der Schönheit und des Gebers des Weinstocks geweiht war. Wollte er auf den Namen eines lyrischen Dichters Anspruch machen, wollte er seinen Meistern nachstreben und seine Freunde durch seine Darstellungen entzücken, so musste einer der Hauptgegenstände seiner Gedichte das „iuvenum curas et libera vina referre" [1]) sein.

Und wer sind die Schönen, die er zum Gegenstande seiner Minnegesänge macht? Keine arkadischen Hirtinnen, auch keine Heldinnen aus der Fabel; es sind Personen aus dem Leben genommen. Sie sind alle aus dem Stande der libertinae (freigelassene Sclavinnen) gewählt, eine Klasse von Frauen oder Mädchen zu Rom, die damals sehr zahlreich war und deren Gesellschaft in einer Zeit, wo die kostspieligen und beengenden Bande der Ehe, besonders unter dem vornehmen Stande, den Cölibat allzusehr begünstigten, Viele für den Mangel des häuslichen Lebens entschädigten. Unter diesen Libertinae fanden sich solche, die nur durch das Kriegsrecht zu Sclaven gemacht, aber vielleicht von guter Herkunft waren, und sicher nicht wenige, die an Reizen und Talenten die römischen Frauen und Mädchen übertrafen und oft in Tugenden nicht hinter diesen zurückstanden. Eheliche Treue, Sittsamkeit und Frömmigkeit waren damals bei den römischen Matronen vielleicht nicht weniger

---

[1]) Ars poët. 85.

selten als bei den Libertinen. Mit derartigen Damen wurden Verhältnisse angeknüpft, deren Dauer von dem Charakter und der Gemüthsart des liebenden Paares abhängig war ¹).

Dies war der Kreis, woraus Horaz die Gegenstände seiner Liebe und seiner Liebesgedichte wählte. Verdient er deswegen getadelt zu werden? Aus einem dichterischen Gesichtspunkte betrachtet, bedarf die Wahl keiner Rechtfertigung: das war gerade der Kreis, der dem Spiele der Leidenschaften und der dichterischen Phantasie das weiteste Feld öffnete, folglich die eigentliche Sphäre der erotischen Poesie. Aber ist er vor dem Richterstuhle der Sittlichkeit frei zu sprechen? Wir wollen den Horaz keineswegs von aller Zügellosigkeit und von allem Leichtsinne freisprechen. Er lebte in einer ausgelassenen Zeit, und viele Stellen in seinen Gedichten geben Zeugniss davon, dass er von den herrschenden Unsitten nicht frei geblieben ist; doch aber war er über die grobe Sinnlichkeit erhaben, in deren Genuss viele seiner Zeitgenossen versanken ²); die Liebe war bei ihm durch ästhetisches Gefühl und durch Schönheitssinn veredelt. Bedenken wir dabei, dass Horaz sein ganzes Leben hindurch Cölibatär geblieben ist, — eine Folge gewiss seiner gesellschaftlichen Stellung nicht minder als seiner freien Wahl — und wir werden es ver-

---

¹) Man sehe über diesen Gegenstand le Baron Walckenaer. Hist. de la vie et des poésies d'Horace. Tom. I p. 97—166.

²) Sein Ligurinus Carm. IV, 1, 33 ff. und IV, 10 ist ein Produkt der Phantasie, eine Nachahmung griechischer Dichter.

zeitlich finden, wenn er sich in seiner Jugend Liebschaften und Liebesabenteuer erlaubt hat, die selbst Verheiratheten kaum als unrechte That angerechnet wurden. Die reifere Lebenszeit machte bei ihm diesen Spielereien ein Ende, wie er selbst sagt:

Nec lusisse pudet, sed non incidere ludum [1])

Horaz war ein Freund von herzlicher Fröhlichkeit und Scherz; beim Trinkgelage, beim Festmahle verjagte er die Sorgen und liess seinem Muthwillen freien Zügel. Er war in seiner Jugend ein feuriger und nicht allzu standhafter Liebhaber gewesen, und auch in reiferen Jahren war er nicht gefühllos für die Reize einer Schönen. Aber er war weder *ebriosus* noch *libidinosus*; diesem widerspricht sein ganzes Leben, seine ganze Entwickelung als Mensch und als Dichter. Er hatte von seiner Jugend an einen Abscheu vor den *mala lustra* [2]) gehabt, den Schlupfwinkeln der Unzucht, und in der grössten Ausgelassenheit vergass er nie die modici munera Liberi [3]). So herzlich er war und so wenig er seinen Keller bei der Bewirthung seiner Freunde schonte, so mässig war er in seiner täglichen Lebensweise. Nicht selten sass er schon vor Tagesanbruch bei dem Lampenlichte und studierte [4]); sein *prandium* war sehr einfach; seine Mahlzeit bestand aus ein paar Schüsseln Hülsen- oder Feldfrüchte: — Erbsen, Küchenlauch, Cichorie, Malvenkraut gehörten zu seiner Lieblingsnahrung: —

---

1) Epist. I, 14, 36
2) Serm. I, 6, 68
3) Carm. I. 18, 7
4) Epist. I. 2, 35

diese Gerichte aus einer Schüssel laganum (Kuchen von feinem Mehl mit einem Ragout), nebenbei einige Oliven und ein Becher Landwein, machten sein gewöhnliches Mahl aus *). Daraus lässt sich entnehmen, dass das vivitur parvo bene in seinem Munde mehr als ein leeres Wort war.

So wie Horaz in einer Anzahl ethischer Lieder seine Ansichten über das Leben und die wahre Lebensweise niedergelegt hat, so hat er in seinen politischen Oden seine politische Denkweise und die darauf basirten Grundsätze der Bürgertugend und Staatsweisheit enthüllt.

Von welcher Art war die politische Denkweise unsers Dichters? Wie wir bereits oben bemerkten, zeigte Horaz in seinem ganzen Leben, als Mensch und als Dichter, eine überwiegende Neigung zur Unabhängigkeit und ein grosses Maas von Selbstständigkeit, die ihm alles Jagen nach Gunst widerlich machten und ihn eben so sehr die öffentlichen Plätze (das Forum) wie den Palast der Cäsaren vermeiden liessen. Die Volksversammlungen und die mobilium turba Quiritium hatten für ihn wenig Anziehendes. Seitdem er die Republik durch Selbstmord zu Grunde gehen und den Glanz des römischen Namens der Verhöhnung der Barbaren Preis gegeben gesehen hatte, dagegen unter dem Scepter des Augustus die Blüthe und den Ruhm des Reiches wieder erstehen sah, war der frühere Republikaner zum Monarchisten

*) Man vergleiche die folgenden Stellen Serm. I, 6, 115 ff. Epod. II, 55. Carm. I, 20. I, 31. Epist. I, 5 princ.

geworden. In der Alleinherrschaft der Cäsaren sah er den Rettungsanker von Roms Heil und den Gipfelpunkt seines Glücks, nicht ahnend, welches schon unter den nächsten Nachfolgern des Augustus die Früchte dieser Herrschaft sein würden.

Diese Denkweise blickt in allen Gedichten des Horaz durch. Er glüht von Liebe für Roms Grösse und Ruhm; nichts liegt ihm näher am Herzen als die Ehre des römischen Namens behauptet und die Schmähungen der Briten und Parther gerächt zu sehen *). Mit einem Wort, Horaz besitzt ein hohes Nationalitätsgefühl, er huldigt den Verdiensten der grossen Männer ohne Rücksicht auf die politischen Partheien. Ein sprechendes Beispiel davon liefert die Ode „Quem virum aut heroa (Carm. I, 12), worin neben Göttern und Helden ausgezeichnete Männer aus verschiedenen Zeiten rühmend erwähnt werden. Unter diesen glänzt der Name Cato's nächst dem des Numa und Tarquinius, und er beschliesst sein Loblied mit einer dem Geschlechte des Cäsar dargebrachten Huldigung, welches auserwählt worden, um Jupiters Stellvertreter auf der Erde zu sein.

Die Odenreihe, womit das dritte Buch beginnt, ist den Tugenden der Vorfahren gewidmet, worauf die Grösse Roms gegründet war, im Gegensatze zu den Untugenden der Nachkommen, wodurch der Staat zu Falle gebracht wurde. Als diese Tugenden werden gepriesen Mässigkeit und Bescheidenheit, Muth und Selbstaufopferung, Standhaftigkeit, Weisheit und Gottes-

*) S. Carm. I, 2; I, 12. III, 5.

furcht. Diese werden als die Quelle des Volksglückes und als die Grundpfeiler des Staates dem Volke und Fürsten zur Beherzigung anempfohlen. An die Spitze desselben (nämlich dieses dritten Buches) stellt der Dichter diese Regeln:

Regum timendorum in proprios greges,
Reges in ipsos imperium est Jovis etc

„Die Völker sind den Königen, die Könige aber Jupiter Unterthänigkeit schuldig." Achtung für den Monarchen wird mithin als der Anfang aller Bürgertugend, als die Grundlage des Staatsgebäudes angepriesen. Horaz sieht in der Erhebung des Augustus, in Verbindung mit dem Fate des römischen Volks, die Folge einer höheren Weltordnung, die er unter einer dichterisch-religiösen Gestalt vorstellt. Ausgehend von der bei den Alten herrschenden Vorstellung, dass schwere Unglücksfälle und Missethaten die Folge oder die Vergeltung der auf der Nachkommenschaft lastenden Schuld der Vorfahren seien, sieht er in den Gräueln der Bürgerkriege eine Vergeltung für das durch Rom vergossene Blut¹); den Keim, den ersten Grund dieser Schuld findet er in dem durch Roms Gründer begangenen Brudermorde²), die Vergeltung hiefür in dem an Julius Cäsar begangenen Morde. Jetzt, da das Maass der Rache voll ist, wird durch

---

¹) Den in Afrika geführten Bürgerkrieg nennt er ein dem Schatten des Jugurtha gebrachtes Sühnopfer „rettulit inferias Jugurthae." Carm II, 1, 28.

²) Epod VII, 17

„Sic est: acerba fata Romanos agunt
Scelusque fraternae necis"

Jupiter ein Retter gesendet, um die begangene Missethat zu tilgen und den göttlichen Zorn zu versöhnen. Dieser Retter ist Augustus, als ein Bote des Friedens von dem Himmel gesendet, um die Ordnung wieder herzustellen und für Rom eine neue Zeitperiode zu eröffnen[1]). Entkleiden wir diese Darstellung ihres dichterischen Gewandes, dann liegt darin die Idee verborgen, dass die Republik durch ihre Schuld für immer verloren war und für Rom kein anderes Rettungsmittel übrig blieb als die Monarchie. Sicher hat der Dichter hierin nicht geirrt.

Nachdem nun Horaz acht oder zehn Jahre hindurch seine glücklichsten Augenblicke der Lyra geweiht hatte, veröffentlichte er die Gesammtheit der während dieser Zeit verfertigten Oden. Natürlich hatte er die Gedichte öfters, bei der Gelegenheit, für die sie verfertigt waren, seinen Freunden mitgetheilt oder in geselligen Kreisen vorgetragen und so waren sie diesem zu Folge, wenigstens zum Theile, in Abschriften verbreitet worden; aber jetzt erschienen sie zuerst mit dem Namen des Verfassers, durchgesehen und geordnet, in der Oeffentlichkeit. Das erste Heft Oden enthielt, nach Einigen, drei Bücher, nach Anderen die zwei ersten, dem nicht lange darnach das dritte gefolgt ist[2]). In der Anordnung hat der Dichter

[1]) Carm. I, 2.

[2]) Die erste dieser Meinungen wird für die wahrscheinlichere gehalten u. a. von G. F. Grotefend Schriftst. Laufbahn des Horatius (Hann. 1849) S. 27, und Dr. Ritter in seiner Ausgabe. Praef. p. XXII. Eine allgemeine Uebersicht der verschiedenen Ansichten giebt Strodtmann in seiner deutschen Uebersetzung der Oden. Einl. S. 20 ff.

sich nicht an die Zeitordnung gebunden, sondern, eingedenk dem Spruche „varietas delectat", besonders auf Verschiedenheit und Abwechslung Bedacht genommen, so dass jedes der Bücher gleichsam einen Kranz bildet, worin Blumen von verschiedener Farbe und Duft zusammengeflochten sind. Doch zeigt ein jedes dieser Bücher einen eigenthümlichen Charakter. Das erste Buch unterscheidet sich von allen übrigen durch Abwechslung in Versmaass und Inhalt. Es ist reich an Gedichten und Gedichtchen durch besondere Angelegenheiten und Vorfälle im Leben gerufen, worin Empfindungen, Leidenschaften, Gemüthszustände des Augenblicks sich abspiegeln, so namentlich Liebesgedichte, Tafellieder, Herzensergiessungen in Folge von Freude oder Schmerz, darunter viele Nachahmungen griechischer Dichter. Das zweite Buch hat im Allgemeinen eine ethische Färbung; das Sententiöse tritt hier in den Vordergrund. Der grösste Theil der Gedichte in diesem Buche hat Gedanken und Betrachtungen über das Leben zum Inhalte; da giebt es darunter solche, die man füglich mit dem Namen Méditations würde bezeichnen können. In dem dritten Buche tritt der Römer, der Nationaldichter auf; man hat hier eine Reihe ernster Gesänge, die theils Volkstugend und Bürgerpflicht, theils allgemeine sittliche Ideen zum Gegenstande haben, und die, wahrscheinlich um das utile mit dem dulce zu mässigen, durch fröhlichere Lieder abgewechselt werden. So stellt ein jedes dieser Bücher den Charakter des Dichters von einer besonderen Seite ins Licht.

Durch diese Herausgabe hat Horaz sich die Ehrenpalme erwerben, wonach er gerungen, und was er in dem Schlussgesange des dritten Buchs in poetischer Selbsterhebung ausruft:

Exegi monumentum aere perennius —

diesen Lobspruch hat die Zeit nicht zur Lüge gemacht. Hiermit endigt die zweite und es beginnt nun die dritte Periode seiner dichterischen Laufbahn.

Horaz war nun in seinem zwei- oder dreiundvierzigsten Jahre; er war frühzeitig grau geworden und seine Gesundheit wankend [1]). Zur Wiederherstellung seiner Kräfte hatte er, auf den Rath des berühmten Arztes Antonius Musa, den Frühsommer (23 vor Chr.), wie es scheint, in den Badeorten Präneste und Gabii zugebracht, um sich allda der Kaltwasserkur zu unterziehen, hierauf in den heissen Herbstmonaten auf seinem Landgute verweilt, für den Winter aber ein Asyl in einer Seestadt im Süden von Italien gesucht [2]) Von jetzt an lebte er meistentheils auf dem Lande und kam so selten als möglich nach Rom, so dass ihm selbst sein Freund Mäcenas ernstliche Vorwürfe seiner langen Abwesenheit wegen machte. Er hatte die Cither an die Wand gehängt um sich mit ernstlicheren Studien zu beschäftigen. In einem Briefe an Mäcenas schreibt er: „Ich lasse jetzt Scherz und Poesie bei Seite; der einzige Gegenstand, der mich beschäftigt, ist das Wahre und das Gute“:

Quid verum atque decens curo et rogo et omnis in hoc sum [3]).

---

[1]) Eine Anspielung darauf kommt vor Carm. II, 11, 15, wo es heisst: canos odorati capillos und Carm. III, 14, 25: lenit albescens animos capillus etc.

[2]) S. Epist. I, 7 princ. und 15 princ.

[3]) Epist. I, 1, 11.

Zu Praeneste finden wir ihn mit dem Wiederlesen seines Homers beschäftigt, und er findet in dessen Dichtungen eine Schatzkammer von Weisheit, „reicher, wie er sagt, als all' die Bücher von Crantor und Chrysippus"[1]). Schon an dieser Stelle sehen wir, dass die Philosophie des Horaz sich nicht auf die Systeme der Akademiker und Stoiker beschränkte.

Fragen wir, welches die Philosophie, die Schule war, welcher der Dichter vorzüglich folgte, so giebt er hierauf eine genügende Antwort in diesen Versen:

> Nullius addictus jurare in verba magistri,
> Quo me cunque rapit tempestas, deferor hospes[2]),

mit anderen Worten: „Ohne mich an eine Schule zu binden, nehme ich meinen Aufenthalt da wo die Umstände mich hinführen." Idealen Anschauungen und nicht minder dogmatischen Systemen abgeneigt, fühlte er sich am meisten zu der praktischen Weisheitslehre der Socratischen Schule hingezogen. Die *chartae Socraticae*, und unter diesen auch die Dialoge von Plato, gehörten zu seiner Lieblingslektüre. Aus diesen und andern Schriften von Weisen und Dichtern bildete er sich eine Lebensphilosophie, deren Hauptgrundsatz war: „*res sibi, non se rebus subjungere*"[3]). „Gebrauch zu machen von den Gütern der Erde, ohne deren Sclave zu sein." — Den Grundsatz der Selbstbeherrschung und Selbstgenügsamkeit (αὐτάρκεια) ist er nicht allein in seiner Lehre, sondern auch in seinem

---

1) Epist. I, 2 princ.
2) Epist. I, 1, 14 u. 15
3) Epist. I, 1, 19.

Leben treu geblieben. Mässigkeit im Genuss, Zufriedenheit mit seiner Lage, Widerwille gegen Ehrsucht und Habsucht, Neid und Missgunst, dies sind die Hauptzüge, die in seinem Betragen und Lebenswandel durchstrahlen. Uebrigens war, wie sich bei einem Dichter denken lässt, seine Philosophie sehr seiner Gemüthsstimmung untergeordnet. Er bekennt selbst offenherzig, dass er jetzt einmal der strengen Lehre der Stoa, die die Tugend für das alleinige Gut hielt, zugethan war, dann wieder unwillkürlich zur Lehre des Aristippus, die das höchste Glück in Genuss setzte, sich hingezogen fühlte[1]). Und mit diesem Bekenntnisse stimmen auch seine Gedichte überein. Da wo er seinen Freunden das *Sapias vina liques!* „Sei weise, fülle den Becher!" — oder das *Carpe diem, quam minimum credula postero!* „Geniess das Heute und vertraue nicht auf morgen!" zuruft, sollte man glauben einen Schüler des Aristipp vor sich zu haben, anderwärts wieder, wo er auf die Tugend weist als die Quelle wahrer Grösse, als die Gottheit, die allein Krone und Scepter schenkt (Virtus — regnum et diadema tutum deferens uni[2]), sollte man die Sprache eines Stoikers zu hören glauben. Man sieht hieraus, dass man Horaz nicht so schlechtweg, wie Einige es gethan haben, für einen Epikureer halten kann; noch viel weniger war er Atheist. Wohl ist es wahr, dass er, wie er selbst gesteht, kein fleissiger Tempelbesucher war (*parcus deorum cultor et infrequens*), dass er an kein

[1]) Epist. I, 1, 16 f.
[2]) Carm. II, 2, 21 f.

Schattenreich glaubte, dass er die Wunder der Natur nicht der unmittelbaren Dazwischenkunft der Götter zuschrieb, aber weit war er davon entfernt, an kein höheres Wesen, an keine Vorsehung, an keine Weltregierung zu glauben. So sein Verstand ihn einen Augenblick daran zweifeln liess, ein Donnerschlag bei heiterem Himmel, ein plötzlicher Umschwung des Glückes, war genug, um den Hochmuth einer wahnsinnigen Weisheit — *insanientis sapientiae*, wie er sie nennt — zu beschämen und ihn vor dem höheren Wesen, das nach Belieben erhöht und erniedrigt, das Haupt beugen zu machen[1]. Poesie und Atheismus sind zwei Worte, die schlecht zusammen passen. Gefühl und Phantasie erheben den Dichter von selbst über die Materie und lassen ihn etwas Höheres, etwas Erhabeneres erkennen, als die Sinnenwelt uns bietet. Mit kindlichem, oder will man lieber, mit poetischem Sinn sieht Horaz in den wichtigsten Ereignissen seines Lebens eine unsichtbare Hand, die ihn leitet. Dass er als Kind auf dem Vultur-Gebirge übernachtet hatte und durch kein wildes Thier beschädigt wurde, dass er bei der Niederlage von Philippi das Leben behalten hatte, das weiss er einem beschirmenden Gotte Dank[2]. „Lasset getrost all' eure Sorgen", sagt er, „den Göttern über; wenn die Orkane auf der brausenden See wüthen, sie gebieten Ruhe und — weder die Cypresse noch Ulme bewegt sich mehr"[3]. Seine Vernunft liess ihn erkennen, dass „ein Oberherr

---

1) Carm. I. 34.

2) Carm. III. 4; II. 7.

3) Carm. I, 9, 9 ff. „Permitte divis cetera etc."

des Weltalls ist, Vater von Göttern und Menschen, ein höchster Gott, ausser dem nichts geboren wird, das ihm gleich oder auch nur nahe kommt":

Unde nil maius generatur ipso
Nec viget quicquam simile aut secundum [1].

und zugleich überzeugte ihn sein Verstand, dass Gottesfurcht die Grundlage der Sittlichkeit und der Grundpfeiler der staatlichen Gemeinschaft sei:

Dis te minorem quod geris, imperas

„Ihr gebietet über die Völker, weil ihr euch vor den Göttern beugt", so ruft er dem römischen Volke zu [2]); und darum war es, dass er durch seine Poesie die Bemühungen des Augustus zur Wiederherstellung des Götterdienstes und zur Aufrichtung der verfallenen Tempel mit so viel Wärme und Nachdruck unterstützte.

So wurde also die Philosophie, die dem Dichter schon in seiner Jugend unter den Platanen der Akademie zugelächelt hatte, jetzt seine ausgewählte Genossin. Und doch verliess ihn auch die Muse nicht. Er kehrte zurück zur Poesie seiner Jugend, der Satire; aber sie hatte nun nicht mehr den Ton des Tadels, sondern den des Lehrgedichtes, nicht die Form der Sermonen, sondern die der Episteln: eine neue Art satirisch-didaktischer Poesie, vorzüglich geeignet, um die individuelle Denkweise und Gemüthsstimmung auf freie und ungekünstelte Weise auszusprechen. Stellt der Dichter sich in seinen Satiren der Welt, seinen Zeitgenossen oder auch sich selbst

[1]) Carm. I, 12, 17.
[2]) Carm. III, 6, 5

gegenüber, um Jedem seine Thorheiten und Verkehrtheiten vorzuhalten, so stellt er sich in seinen Briefen Freunden, älteren oder jüngeren, höheren oder niederen, gegenüber, um ihnen seine Gefühle und Gedanken über Menschen und Dinge, über besondere und allgemeine Angelegenheiten des Lebens zu eröffnen. Er thut das nicht in dem Tone des Meisters, sondern in dem eines Gleichgestellten und Freundes, ebenso bereit Lektionen zu empfangen als zu geben. Jedoch herrscht in diesen Briefen eine grosse Verschiedenheit. Man findet darunter z. B. einen Empfehlungsbrief für den jungen Septimius (Epist. I, 9) an Tiberius, damals noch ein jugendlicher Mann, der zu den schönsten Hoffnungen berechtigte; eine Einladung an Torquatus, zu ihm auf das Land zu kommen, um Cäsars Geburtstag zu feiern (I, 5). An seine jungen Freunde Scaeva und Lollius (I, 17 und 18) schreibt er Briefe, welche Weisungen über das Benehmen enthalten, das sie besonders gegen ihre Protektoren in Acht zu halten haben, um sich eine Carrière zu machen. An seinen Gärtner, der eben so sehr nach den Garküchen und Badehäusern Roms sich sehnte, als sein Herr nach dem stillen Landaufenthalte, schreibt er (Epist. I, 14) einen allerliebsten Brief über den Unterschied zwischen dem Stadt- und Landleben und die Verschiedenheit der Neigungen Beider: „Komm heran“, sagt er, Certemus, spinas animone ego fortius an tu evellas agro, „lass' uns wettkämpfen und sehen, wer von Beiden gewinnt; du mit dem Ausjäten der Disteln aus meinem Acker, oder ich mit dem Ausreissen des Unkrauts aus meiner

Seele." Andere von diesen Briefen sind von weiterem Umfang und umfassenderer Beziehung, so die an Mäcenas, an Lollius, an Aristius und Andere. Sie handeln über das menschliche Leben, über Verirrungen der Leidenschaften, über böse Neigungen, thörichte Vorurtheile, über das verum et honestum, über das wahre Glück, das vornehmlich in dem animus aequus, wie die Lateiner sich ausdrücken, gelegen sei, in dem Gleichmuth der Seele, der weder durch die Stürme der Leidenschaften noch durch die Launen des Glücks zerstört wird. Man sieht, die Briefe sind die Frucht seiner Philosophie: einer Philosophie, die, obwohl sich nicht über die Sphäre des irdischen Lebens erhebend, gleichwohl reich ist an Betrachtungen, Ermahnungen und Beispielen, die zur Tugend und Pflichterfüllung leiten können. Sind die *Sermones* von Horaz ein Spiegel der Sitten seiner Zeit, so sind seine *Epistolae* vorzugsweise ein Spiegel seines eigenen Lebens, worin sein Gemüth, seine Denkweise, seine ganze Seele mit ihren Tugenden und Gebrechen klar vor uns liegt.

Dass inzwischen der Funke höherer Dichtergluth in der Seele des Sängers nicht erloschen war, sondern blos einer Anfachung bedurfte, um mit neuer Kraft aufzuflammen, davon lieferte er bald den Beweis. Es war in dem 17. Jahre vor Chr., in dem 48. Lebensjahre des Horaz, dass Augustus die Feier des grossen Jubiläums, die *Ludi saeculares*, ausgeschrieben hatte, ein Fest, welches, wie die Publikation lautete, Niemand noch erlebt hätte noch auch nach diesem erleben würde. Es war eine Zeit des Friedens und Glückes und Alles schien eine fröhliche Zukunft für Rom zu prophezeien.

Augustus wollte den Glanz des Festes durch die Poesie erhöhen und dem Horaz wurde die Aufgabe übertragen, einen Jubelgesang dafür zu verfertigen. Dies gab dem Carmen saeculare seine Entstehung, einem Lobliede, das unter den Weihgesängen des Dichters den ersten Platz einnimmt und das einzig in seiner Art ist. Es ist ein Wechselgesang, eingerichtet um durch abwechselnde Chöre von Mädchen und Knaben vorgetragen zu werden. Bitten um die Fruchtbarkeit von Menschen, Vieh und Aeckern, um das Glück und die Grösse von Rom und Cäsar, Segenswünsche dass, unter dem Fortblühen von Frieden und Treue, Ehre und Tugend, für das Reich eine neue Aera des Glückes und Glanzes beginnen möge, machen den Inhalt dieses Gedichtes aus, während der Styl, in dem es abgefasst ist, durch einfachen Schmuck und durch einen herzlichen mit Anmuth gepaarten Ton ganz in Uebereinstimmung mit dem Gegenstande ist.

Nicht lange darnach werden aufs Neue die Saiten gespannt, und Lieder, Oden, Hymnen voll jugendlicher Gluth und Erhebung strömen von seiner Harfe. Es sind Lieder an die Freundschaft, Hymnen an Melpomene, Oden dem Augustus und seinen Söhnen geweiht, die den Inhalt des vierten Buches seiner Oden ausmachen. Unter diesen Gedichten nehmen die letztgenannten die vornehmste Stelle ein. Die Söhne des Augustus waren Drusus und Tiberius, die damals durch ihre Tapferkeit und Unternehmungen Roms alten Kriegsruhm erneuerten: Drusus, der seinen Namen an den Ufern des Rheins verewigte, und Tiberius, der die Völker Pannoniens tributpflichtig machte. Die

Lorbeeren der Söhne waren zugleich ein Ehrenkranz um das Haupt des Vaters. Auch diesen besingt der Dichter in mehr denn einer Ode als den Helden, der Roms Namen von den Gestaden des Euphrat bis zu den Säulen des Hercules Hochachtung verschaffte und als den Friedensfürsten, der Italien und der Welt Ruhe, Ordnung und Wohlfahrt geschenkt hatte. Sicher sprach Horaz aus dem Herzen und Munde Vieler, als er Augustus diese Strophen zusang *):

„Cäsar, in dieser guten Zeit ernten wir wieder wie in alter Zeit von unsern Aeckern, haben wir wieder aus der Perser Händen Roms Adler befreit. Jupiters stolze Tempelwände prunken mit diesen kostbaren Unterpfändern, seit Du Janus Thüren schlossest und der ganzen Erde Frieden gabst."

Wiewohl die in diesem Buche enthaltenen Oden zum Beweise dienen, dass unser Dichter eben so wenig sein jugendliches Dichterfeuer wie seine Heiterkeit des Geistes verloren hatte, so giebt er doch wohl deutlich genug zu erkennen, dass er an seinen Ruhestand denkt. Er bringt seine letzte Huldigung seinen Freunden Censorinus und Lollius (Carm. 8 und 9), nimmt Abschied von seiner Phyllis (Carm. 11) und weiht ein Loblied Melpomenen, der er seinen Dank sagt, dass er, erhaben über die Missgunst, auf seinen

---

*) Carm. IV. 15 princ. —

Tua, Caesar, aetas
Fruges et agris rettulit uberes
Et signa nostro restituit Jovi
Derepta Parthorum superbis
Postibus etc.

Lorbeeren in der Hoffnung auf einen unsterblichen Namen ausruhen könne.

Wurde aber die Laute auch an die Wand gehängt, der Schreibstift wurde darum nicht aus der Hand gelegt. Die letzte Frucht seiner Studien waren drei Briefe*), wovon der erste an Augustus gerichtet ist, der zweite an Julius Florus, einen jungen Mann von Talent, der sich im Gefolge des Tiberius befand, der dritte aber allgemein unter dem Namen *Ars poetica* bekannt ist. Hier tritt Horaz auf als Kritiker, als Kunstrichter, wozu ihm seine langjährigen Studien das vollste Recht gaben. In dem ersten Briefe handelt er über den Geschmack oder besser gesagt den verdorbenen Geschmack seiner Zeit, besonders auf dem Gebiete der dramatischen Poesie. Die blinde Eingenommenheit des Volkes und der Grossen für Alles was alt und begraben war — quidquid Libitina sacravit — für Ennius und Pacuvius, für Plautus und Afranius, die Geringschätzung der Kunstwerke der neueren Dichterschule, die Manie des Versemachens bei Alten und Jungen, Gebildeten und Ungebildeten; die Eitelkeit, womit Dichterlinge bei ihren Vorlesungen einander Weihrauch streuten; Mangel von Gefühl und Geschmack bei einem Publikum, das kalt bleibt bei dichterischen Schönheiten und das Theater durch Händegeklatsch erbeben macht bei dem Anblick eines glänzenden Aufzuges oder dem Erscheinen eines neuen Costumes; das in Massen aus dem Theater strömt um einen weissen Elephanten oder eine Giraffe zu

*) Epist. II, 1. 2. 3

sehen: diese und andere Dinge sind es, welche Horaz, theils in dem an Augustus als den hohen Beschirmer der dramatischen Poesie gerichteten Briefe, theils in dem darauf folgenden in ernstlich didaktischem Tone behandelt. Die Ars Poetica ist zu bekannt, als dass ich darüber Etwas zu sagen brauchte*). Ueber die Composition dieses Werkchens und den Zusammenhang der darin behandelten Gegenstände sind viele Bemerkungen gemacht worden**). Hätte man in Erwägung gezogen, dass dieses Gedicht des Horaz offenbar nicht in einem Athem geschrieben, sondern zu verschiedenen Zeiten stückweise verfertigt worden ist, welche Stücke er nachher in der freien Form eines Briefes aneinandergereiht hat, und dass er wahrscheinlich an dieses Erzeugniss seiner Studien die letzte Hand nicht gelegt hat, dann würden viele Kritiker sich die undankbare Mühe erspart haben, diesen Brief in die Form eines Systems zu bringen oder besser gesagt zu verwirren. Doch wie man darüber denken möge, durch alle Jahrhunderte hindurch ist die Epistola ad Pisones***) als

*) Der Scholiast Porphyrio berichtet darüber: „Das Werk sei einem Buche des Neoptolemus von Parium entlehnt, welches die beste Lehre über die Dichtkunst enthalten habe, zwar nicht Alles, aber doch das Wichtigste daraus aufgenommen."

**) S. hierüber auch Aug. Arnold das Leben des Horaz. S. 167 ff.

***) Vater und Söhne. Die pisonische Familie gehörte zu den angesehensten und der Vater Piso bekleidete nach einander die höchsten Ehrenämter. Er wird von Tacitus gerühmt, selbst unter Tiberius mit Gerechtigkeit und Milde die wichtige Stelle eines Stadtpräfekten verwaltet zu haben und eines natürlichen Todes gestorben zu sein, was tüchtige Männer unter jenen Fürsten selten erfuhren. Da er im 80 Jahre (32 nach Chr.)

ein goldnes Büchlein geschätzt worden, worin die Hauptregeln der Kunst in eben so geistreicher wie vorzüglicher Weise dargestellt worden sind. Mit diesem Heft Briefe, wovon die Zeit der Herausgabe nicht genau bekannt ist, hat Horaz seine Dichterlaufbahn beschlossen.

Das Ende seiner Studien war zugleich das seines Lebens. Horaz stand in seinem 57. Jahre, als ihn der Verlust seines Mäcenas traf, mit dem er dreissig Jahre hindurch durch die innigste Freundschaft und aufrichtigste Treue verbunden gewesen war. Er überlebte dessen Tod nur wenige Wochen*) und fand seine Ruhestätte auf den Esquilien, nächst der seines Freundes. So erfüllte sich, was der Sänger vor vollen zwanzig Jahren demselben Freunde, als dieser mit einer schweren Krankheit rang, zugesungen hatte: „Du sollst nicht ohne mich fortziehen! Wohin Du auch gehst, ich will Dir folgen, unser beider Lebenslos ist untrennbar verbunden [1])!“ Horaz schied aus dem Leben im Besitze der Achtung der ersten und besten Männer seiner Zeit und mit der süssen Hoffnung — dem höchsten Troste eines Heiden — dass

starb, so war er um die Zeit dieses Briefes, wie spät man diesen auch setze, doch kaum 40 Jahre alt und der älteste Sohn schwerlich mehr als 16 bis 18 Jahre, was für das Verständniss der Verhältnisse nicht unwichtig ist. Auch sagt der Scholiast Porphyrio vom Vater: „Et ipse Piso poeta fuit et studiorum liberalium antistes.“ Vgl. Aug. Arnold, das Leben des Horaz S. 167 f.

*) Er starb am 27. November des Jahres 8 v. Chr. Sein Brustbild ist uns in einer Gemme erhalten.

[1]) Carm. II, 17.

sein Namen und seine Gesänge auf den Lippen der Nachkommenschaft fortleben würden, so dass er mit Ennius sagen mochte:

Nemo me lacrimis decoret nec funera fletu
Faxit. Cur? Volito vivus per ora virum.

Wenn es wahr ist, was Goethe sagt:

Denn wer den Besten seiner Zeit genug
Gethan, der hat gelebt für alle Zeiten,

dann hat Horaz das „Non ego obibo nec Stygia cohibebor unda“ wahr gesprochen.

Ein Blick auf den ganzen Lebenslauf unseres Dichters lehrt uns in ihm einen Mann kennen, der mit kleinen Schwächen und Gebrechen ausgezeichnete Eigenschaften des Geistes und Herzens verband und sich durch seinen Charakter nicht minder als durch sein Talent auf einen Standpunkt zu erheben wusste, welchen keiner seiner Zeitgenossen erreicht hat. Er vereinigte in sich Eigenschaften, die selten vereint angetroffen werden, Geschmeidigkeit mit Selbstständigkeit, Freimuth mit hofmännischer Feinheit, Ernst mit Witz verbunden[1]: dadurch versicherte er sich die Gunst oder besser gesagt die Freundschaft der Vornehmen und Mächtigen in einem solchen Maße, dass er sie mehr an sich als sich an sie fesselte. Die

[1]) Lessing, in seinen „Rettungen des Horaz“ sagt von ihm: „Er, der philosophische Dichter, der Witz und Vernunft in ein mehr als schwesterliches Band brachte und mit der Feinheit eines Hofmannes den ernsthaftesten Lehren der Weisheit das geschmeidige Wesen freundschaftlicher Erinnerungen zu geben wusste und sie entzückenden Harmonien anvertraute, um ihnen den Eingang in das Herz unfehlbarer zu machen.“ (Werke, 5. Bd.)

Zeiten hatten ihn weise gemacht. Er opferte die Ideale seiner Jugend auf, ohne den römischen Sinn und das Nationalgefühl zu verlieren; er beugte sich vor der Monarchie, ohne seine Unabhängigkeit aufzuopfern; er lebte inmitten der Ueppigkeit der Hauptstadt, ohne seine Liebe für das einfache und stille Landleben zu verlieren. In seinem Leben zeigt er ganz das Gegenbild derer, von denen Juvenal sagt: Loquuntur Curios, et Saturnalia vivunt. Unter einer äusserlichen Hülle von Leichtsinn und Scherz liegt bei ihm tiefer Ernst und Nachdenken verborgen, und was ihn vor Allem liebenswürdig macht, ist dies, dass er ein offenherziger Mensch und ein treuer Freund war, freimüthig gegen Höhere, sanftmüthig gegen Untergebene.

Und welchen Charakter und Werth hat er als Dichter?

Bei dem Ueberblick über Horazens Leben und Laufbahn und der Aufführung der verschiedenen Dichtungsarten, die er nach einander bearbeitet hat, habe ich mich, um den Faden der Darstellung nicht zu zerreissen, enthalten über seine Eigenschaften als Dichter und das Eigenthümliche seiner Poesie ausführlich zu sprechen. Dabei will ich nun einige Augenblicke verweilen.

Ich gehe aus von der Frage: Ist Horaz als ein selbstständiger Dichter oder als ein Imitator, als ein glücklicher Nachahmer seiner Vorgänger, insbesondere der griechischen Meister, anzusehen?

Dass Horaz kein Genie gewesen, der neue Dichtformen, neue Ideen schuf, erkennen wir gerne an. Dass er in seinen Oden und Epoden sich die lyrischen

Dichter der Griechen zum Vorbild genommen und sich darnach gebildet hat, erkennt er selbst an; dass er ferner in der Satire den römischen Ritter Lucilius zum Vorgänger gehabt hatte, ist Niemandem unbekannt. Ursprüngliche Genies auf dem Gebiete der Poesie, wie sie Griechenland in so grosser Zahl hervorgebracht, hat Rom eigentlich nicht geliefert, und am wenigsten waren solche in einem Jahrhunderte, in welchem die Kunst sich bereits in dem ganzen Reichthum ihrer Formen entwickelt hatte, zu erwarten. Horaz aber als einen blossen Nachahmer griechischer Muster anzusehen, ihn unter das imitatorum servum pecus zu werfen, dessen er selbst mit Geringschätzung gedenkt, das wäre ein arger Missgriff.

Gleichwie Horaz bei der Wahl der Dichtungsarten, die er pflegte, sowohl seine eigene natürliche Anlage als das Bedürfniss seiner Zeit zu Rathe gezogen hat, so hat er auch den Erzeugnissen seiner Muse den Stempel seines Charakters und Geistes in unverkennbaren Zügen aufgedrückt. Wenn das genügt, um auf den Namen eines genialen Dichters Anspruch zu machen, dann gebührt dem Horaz in den Reihen der echten Musensöhne einer der ersten Plätze. Ich will dies nun mit Hinsicht auf jede der von ihm behandelten Dichtungsarten in Kürze darzuthun versuchen.

Horaz hat, wie wir oben gesehen haben, seine poetische Laufbahn mit dem Schreiben von Jamben und Satiren eröffnet. Es war gewiss ein glücklicher Griff und er giebt Zeugniss von seinem richtigen Urtheil, dass er seine Wahl auf eine Dichtungsart fallen liess, die so ganz in das Leben eingriff, und die ebenso passend war für seine Zeit als sie mit seinem eigenen Talente zusammenstimmte.

Die Satire *) war ein echtes Erzeugniss des römischen Bodens, von selbst aus dem Volksleben und Volkscharakter emporgewachsen. Die Römer besassen bei all ihrem Ernst und ihrer Strenge eine grosse Neigung zu Scherz und Spott, ein Charakterzug, der bei ihnen sowohl in dem Staatsleben als in dem täglichen Verkehr, in der Curie und auf dem Forum, ebenso auf der Bühne als bei den Volksspielen zu Tage tritt. Wer Cicero's Bücher über die Beredsamkeit gelesen hat, weiss es, welch' einen wichtigen Platz alldort das Kapitel *„de jocis et facetiis"* einnimmt [1]). Mancher Staatsmann und Advokat hatte seine Triumphe

---

*) Den Namen Satire hatte der römische Dichter Ennius (239—169 v. Chr.) eingeführt. Unter dieser Benennung gab er nach Inhalt und Form sehr verschiedenartige Erzeugnisse heraus. Das Wort „satur", d. i. satt, dann auch reichlich und mancherlei — wo eine lanx satura, oder nur kurz satura, eine Schüssel mit allerlei Früchten bezeichnet, die den Göttern dargebracht wurde —, gilt als die Wurzel des Wortes „Satire". Der spätere Inhalt der Satiren erinnerte auch an das griechische Satyrspiel, wo Scherz und Spott walteten, daher man den Ursprung des Namens auch auf die Satyre zurückführen wollte, und dann „Satyre" ihn schrieb. Die Satire in der jetzigen Form und Bedeutung hat aber eigentlich der römische Ritter Gaius Lucilius (148—103 v. Chr.) begründet. Er geisselte mit viel Freimuth und Schärfe die Sittenverderbnisse seiner Zeit, die damals besonders schnell und stark heranwuchs. Andere Versuche ähnlicher Art, wie z. B. des Varro (116—26 v. Chr.), der Verse und Prosa auch vermischte, waren von geringem Werthe, bis endlich Horaz der Satire die vollendete Gestalt gab und auch in dieser Gattung unübertroffen blieb. S. Aug. Arnold: das Leben des Horaz S. 120 f.

[1]) Cic. de Orator. II. c. 54 sqq.

mehr einer witzigen Wendung und beissenden Scherze zu verdanken als der Kraft seiner Rede oder dem Ueberzeugenden seiner Beweisführung.

Zu den beliebtesten Volksbelustigungen gehörten die s. g. Exodia, Possenspiele, komische Scenen aus dem Volksleben darstellend, worin der Haupt-Acteur ungefähr die Rolle des Hanswurstes spielte, und dann die noch älteren versus *Fescennini*, woran es ebenso wenig an treffenden Scherzen als an obscoena verba mangelte, wie schon der Name selbst, von *fascinum* abgeleitet *), zur Genüge andeutet. Eine Nebenart von dieser, jedoch feinerer Art, waren die *Saturae*, ein Namen, der eigentlich so viel als ein Allerlei, ein Mischmasch oder hutspot (zerstückeltes *Fleisch* mit Gemüse) bezeichnet und dadurch genugsam die Freiheit und Verschiedenheit in Form und Inhalt, welche diese Art der Poesie auszeichnete, zu verstehen giebt. Der Vater der lateinischen Poesie, der witzige Ennius, hatte dieser Dichtungsart eine feinere Form gegeben, aber sein Landsmann, der Ritter *Lucilius*, — beide waren der Abkunft nach Campaner — war es, der der Satire eine höhere Bedeutung gab durch die Verbindung des Spottenden und Bessernden mit dem Sinn- und Lehrreichen, so dass dieser mit Recht

*) „Fascinum" ist das griechische *βάσκανον*, mit einer gleichen Vokalveränderung wie z. B. in „mactare" und [illegible]. Siehe Vossii Etymol. s. v. Das Wort bedeutet so viel als [illegible], boshafte Quälerei, Neckerei, und da [illegible] die [illegible] eine verächtliche Rolle spielte, so bezeichnet man daher das fascinum auch veretrum. Die Fescenninen [illegible] ist aus Horaz Epist. II, 1, 145 f. bekannt.

für den Schöpfer der Satire zu halten ist. Er war es, der, als in Folge der Eroberung von Carthago, Griechenland und Syrien das Unkraut des Luxus und der Sittenverderbniss zu Rom üppig aufschoss und die alte Einfachheit verdrängte, als Sittenrichter auftrat, ohne Schonung Volk und Grosse mit der Ruthe der Satire geisselnd und die herrschenden Thorheiten und Laster an den Pranger stellend. Die Gedichte des Lucilius machten ein ungemeines Glück. Sie gehörten zu der beliebtesten Lektüre des gebildeten Mittelstandes, und nicht allein zu seiner Zeit, sondern auch noch zu der Zeit des Augustus wurden sie von Vielen gelesen und hochgeschätzt. Gleichwohl passte Form und Inhalt dieser Gedichte damals nicht mehr zu dem Geiste und zu der Bildung der Zeit. Lucilius war feurig, witzig, beissend, aber sein Anstand war nicht frei von einem bäuerischen Anstrich, und seine Sprache wie sein Styl entbehrten der Reinheit und Nettigkeit, welche die Kennzeichen eines geläuterten Geschmackes sind*). Dem Horaz kommt das Verdienst zu, die Satire dem Bedürfniss und Geschmack seines Jahrhunderts entsprechend behandelt und ihr zugleich die Ungezwungenheit und Anmuth, mit einem Worte die Kunstform gegeben zu haben, welche ihr mit vollstem Recht auf den Namen der Poesie, den ihr Einige streitig machen wollen, Anspruch giebt. Seine Satiren sind ein Muster für alle folgenden Zeiten geblieben.

*) Horatius Serm. I, 4 passim 10 passim II, 1 passim

Der Satirendichter, will er dieses Namens würdig sein, muss ein sittliches Princip besitzen als Massstab, um darnach die Handlungen der Menschen zu beurtheilen und einem jeden Lob und Tadel zuzumessen. Dieser Massstab ist für Horaz nicht in der alt-römischen Sitte gelegen, nicht in der Strenge und Einfachheit der Cato's und Curiusse, ebensowenig in einem den Stoischen Philosophen entlehnten Ideal von Vollkommenheit, sein Massstab ist der des verständigen und gebildeten Mannes, der die Pflicht kennt, welche dem homo ingenuus obliegt, der weiss, was er der Gesellschaft und sich selbst schuldig ist, der in Allem den Anstand und die Schicklichkeit in Acht nimmt, sich zu keinen Ausschweifungen hinreissen, noch durch Hirngespinnste, welche unter dem Scheine des Vortheils zur Schande und Schaden bringen, sich verführen liesst, und der die Thorheiten vermeidet, wodurch man, während sich zu erheben, im Gegentheile sich nur lächerlich macht.

Man erkennt in den Satiren des Horaz sowohl den fleissigen Leser der Socratischen Schriften als auch den Schüler des Eupolis, Menander und der Attischen Komödie.

Mit einer gesunden Lebensphilosophie, die das Glück nicht ausserhalb des Menschen, sondern in seinem eigenen Busen sucht, verbindet Horaz seine Menschenkenntniss, die zu den Ursachen und Triebfedern der Handlungen, zu den Keimen der Laster und Thorheiten durchdringt. Das γνῶθι σεαυτόν ist für ihn nicht umsonst geschrieben. Sein Tadel geht gepaart mit Herzlichkeit, er ist fern von jeder Bitterkeit und jedem Hass, und übersieht auch bei dem Rügen der Gebrechen Anderer die ihm zunächstliegenden, die eigenen nicht

Cum tua pervideas oculis mala lippus inunctis
Cur in amicorum vitiis tam cernis acutum,
Quam aut aquila aut serpens Epidaurius? *)

„Ihr, sagt er, die ihr so schwachsichtig seid für eure eigenen Gebrechen, warum seid ihr für die der Anderen so scharfsehend wie ein Adler oder eine Schlange von Epidaurus?“ Bei Horaz gilt nicht das „facit indignatio versum,“ er betrachtet die Verkehrtheiten nicht als einen unheilbaren Krebs, sondern als Abirrungen von dem rechten Lebenswege, wodurch der Mensch der Spielball und das Opfer seiner eigenen Thorheiten wird. Wie sehr ist hierin unser Dichter verschieden von Persius und Juvenal, die ihr Behagen darin zu finden scheinen, die Menschen noch schwärzer zu machen, als sie ohnehin schon sind, und die mit stoischer Härte alle Gebrechen, grosse und kleine, über einen Kamm scheeren. Ganz anders aber Horaz:

Ponderibus (sagt er) modulisque suis Ratio utitur **) —.

Während er Bosheiten und Laster, welche den Frieden und das Glück der Gesellschaft zerstören, Verläumdung, Neid, Geiz, Ehebruch mit der Geissel züchtigt, werden dagegen Thorheiten, die in Eitelkeit,

---

*) Sat. I, 3, 25. „Epidaurius“ ist eine Anspielung darauf, dass dem Asculap, der zu Epidaurus einen berühmten Tempel hatte, die Schlange geweiht war, und daher dem Gott auch bei Heilung der Blinden behülflich war, wie das auch in dem „Plutus“ des Aristophanes vorkommt. V. 730 f.

**) Sat. I, 3, 78.

Unverstand, Mangel an Bildung ihren Ursprung haben, von ihm in komischem Tone getadelt.

Der Scherz des Horaz ist nicht das italum acetum, sondern das sal Atticum. Ueber seinen Satiren liegt die Farbung der Ironie, des feinen Spottes, der sich seiner Ueberlegenheit bewusst sich selbst verkleinert, ja sich sogar nicht scheut bei dem Tadeln der Thorheiten des Publikums sich selbst mit ins Spiel zu bringen und zur Zielscheibe der eigenen Pfeile zu machen. Ein echt komisches Beispiel davon liefert die vorletzte Satire des zweiten Buches, worin sich Horaz bei Gelegenheit der Saturnalien durch seinen Sclaven tüchtig die Lektion lesen lässt; wobei man sich jedoch irren würde, wenn man Alles das, was Davus da von seinem Herrn sagt, für baare Münze nähme. Uebrigens ist sein Scherz reichlich durchwoben mit Sprüchen und Lebensregeln, die uns den praktischen Philosophen erkennen lassen, welcher das echte Metall von dem Flittergolde wohl zu unterscheiden weiss und die seltene Kunst versteht das Leben zu benützen und zu geniessen.

Dies im Allgemeinen in Bezug auf den Geist seiner Satiren. Nicht minder Beachtung verdient Form und Styl, worin Horaz seine Satiren eingekleidet hat; hierin zeigt sich vor Allem sein Kunsttalent.

In jeder Satire muss ein Hauptgedanke sein, ein Thema, welches der Dichter durchführt; aber nicht in der Weise einer Abhandlung, sondern in Form und Ton eines Gespräches, oder besser gesagt einer Improvisation, wo den Gedanken ihr freier Lauf gelassen wird. Horaz versteht diese Kunst meisterhaft.

Während er das Thema fortwährend festhält, weiss er seinem Vortrage die Ungezwungenheit und Ungebundenheit zu geben, die mit der freien Bewegung der Gedanken gleichen Schritt hält. Es sind stets neue Wendungen, überraschende Uebergänge, welche die Aufmerksamkeit des Lesers fesseln, er springt von Einem auf das Andere über, und doch immer so, dass er auf dem rechten Punkte wieder anlangt und den Hauptgedanken festhält, der wie ein unsichtbarer Faden das ganze Gewebe durchzieht. Mit dieser Ungebundenheit geht eine Lebhaftigkeit, Verschiedenheit und Abwechslung des Styles und Tones gepaart, worin die aufsprudelnden Gedanken und Gemüthsbewegungen sich gleichsam abspiegeln: die Sprache ist jetzt heiter, dann ernst, jetzt scharf, dann herzlich, jetzt spöttisch, dann ironisch *), die Beweisführung ist durchflochten mit Sprüchen, Erzählungen, Beispielen, die durch Abwechslung die Aufmerksamkeit fortwährend lebendig erhalten und das Utile mit dem Dulce vereinen. Will man ein Beispiel, so verweise ich lediglich auf die erste Satire des ersten Buches, die gegen die allgemeine, wohl zu allen Zeiten, insbesondere aber in der Zeit des Horaz herrschende Plage, die Habgier, gerichtet ist: eine Leidenschaft, welche, da sie den Menschen rastlos nach Mehrerwerb jagen macht, alles Glück, allen Lebensgenuss vernichtet. Man sehe, wie der Dichter die Leidenschaft von allen Seiten betrachtet, das Hässliche, das Thörichte und Spottwürdige derselben ins Licht stellt,

*) S. was Horaz selbst darüber bemerkt: Serm. I, 10, 7–15.

wie er alle Saiten in Bewegung setzt, alle Töne durchläuft, um auf den Verstand und das Gemüth zu wirken und Abscheu vor einem Laster einzuflössen, das den Menschen mit ewiger Unruhe quält, ihn unempfänglich für edlere Gefühle macht und zuletzt ihn in dem, was er für sein Glück hielt, sein Verderben finden lässt. In dieser Satire ist das Scherzhafte und Beissende mit dem Herrlichen und Ernsthaften in ausgezeichneter Weise vereint. Dasselbe findet man in den übrigen Satiren, ebenso, wie sich von selbst versteht, nach Verschiedenheit des Gegenstandes jetzt dieser, dann wieder jener Ton die Oberhand hat.

Auch in Hinsicht der Form, in welche die Satiren eingekleidet sind, herrscht grosse Verschiedenheit. Viele sind in die Form von Betrachtungen gebracht, wobei der Dichter sich an das Publikum oder an irgend eine bestimmte Person (Mäcenas) wendet, um die Verkehrtheiten der Menschen anzuführen und zu geisseln. In dieser Weise sind die meisten Satiren des ersten Buches geschrieben. Andere haben die Form einer komischen Erzählung. Derartig ist die Beschreibung der Reise nach Brundisium (Sat. I, 5), wo im Vorbeigehen ein pedantischer Prätor eines kleinen Städtchens mit seinem breit umsäumten Staatskleide arg mitgenommen wird, ferner die Schilderung des Gastmahls bei Nasidienus, wo die plumpe Höflichkeit des bürgerlichen Gastgebers, mit seinem reichen Tische und Uebermaass von Schüsseln, einen artigen Kontrast zu dem feinen Ton seiner hohen Gäste bildet (Sat. II, 8). Oder sie sind in Gesprächsform geschrieben, in denen der Dichter selbst hier eine handeinde, dort wieder eine leidende Rolle übernimmt. In dieser Form sind die meisten Satiren des zweiten Buches geschrieben, so z. B. die erste, in welcher Horaz den Rechtsgelehrten Trebatius über das Rathsame des Satiren Schreibens zu Rathe zieht. Dieses ganze Gespräch ist in einem komisch-scherzhaften Tone gehalten und sollte denn dienen, denen den Mund zu stopfen, die unseren Dichter als einen hässlichen Pamphletschreiber zu verfolgen drohten. In der dritten wird ein Neophyt der Stoischen Schule sprechend eingeführt, ein unverheiratheter junger Mann, genannt Damasippus, der, nachdem er sein Geld an Antiquitäten und andere Dinge verschleudert hatte, den Philosophenmantel umgehängt hatte. In dieser Satire macht der Dichter seinem Herzen gegen die gemachten Moralprediger Luft, welche sich selbst allein für Weise hielten und auf die ganze übrige Welt wie auf Thoren niedersahen. In anderer Form ist wieder die fünfte Satire geschrieben. Der Schauplatz ist hier die Unterwelt; die Hauptperson ist der schlaue Ulysses, der bei seinem alldort dem Schatten des Wahrsagers Tiresias gemachten Besuche, um von ihm sein künftiges Loos zu vernehmen, denselben zum Schlusse frägt, welches wohl der beste Weg wäre, um in der Welt sein Glück zu machen. Der Wahrsager empfiehlt ihm das Jagdmachen auf Erbschaften als das beste Mittel und weiht ihn zugleich in alle Listen und Kniffe ein, womit diese Art von Glücksjägern sich ihrer Beute zu bemächtigen wussten. Dass dieser Industriezweig in der damaligen Zeit zu Rom stark betrieben wurde und darum wohl auch auf ein Plätzchen in den Satiren Anspruch machen konnte, ist genugsam bekannt. Diese ebenerwähnte Satire ist ein Vorläufer der Dialogi mortuorum, wodurch sich später Lucianus einen Namen gemacht hat. Viele dieser Stücke sind kleine Dramen, worin das Komische mit dem Ethischen so glücklich verflochten ist und zugleich auch die Charaktere der Personen mit wenigen Federzügen so geistreich gezeichnet sind, dass sie mit den Erzeugnissen der Attischen Bühne und der Socratischen Schule wetteifern können.

Was ich von den Satiren des Horaz gesagt habe, obschon ich ausschliesslich die Sermones im Auge behielt, gilt ebenso auch von den Episteln, eine neue Form, in die er später seine Satiren eingekleidet hat. Nach demjenigen, was hierüber bereits oben gesagt worden, wird die Bemerkung genügen, dass im Allgemeinen in den Satiren der spottende, in den Briefen der herzliche Ton die Oberhand hat, dass in jenen das komische, in diesen das didactische Element mehr im Vordergrunde steht, übrigens, nach dem Urtheil der Kenner, die Briefe in Ungezwungenheit und Klarheit des Styls noch über den Satiren stehen. Sie sind die Frucht des durch Studien und Nachdenken gereiften Mannes, dessen Talent die Stufe der Ausbildung erreicht hat, auf der Natur und Kunst gleichsam in Eins verschmolzen sind.

Unter den Briefen verdienen hier jedoch diejenigen mit wenigen Worten hervorgehoben zu werden, worin Horaz als Kunstrichter, als Kritiker auftritt: Arbeiten, die Longinus richtig „die letzte Frucht langjähriger

Studien" genannt hat. Während der Dichter daselbst zeigt, dass er sowohl mit den von Plato und Aristoteles entwickelten Regeln der Kunst, als auch mit den griechischen Mustern in allen Gattungen der Poesie vertraut sei, lässt er uns zugleich einen Blick in seine eigene Werkstätte werfen. Wir sehen ihn da, nicht zufrieden mit dem ingenium rude, wenn es nicht durch die Kunst veredelt ist, seine eigenen Dichtwerke der strengen Kritik, die er von Anderen fordert, der labor limae, die er bei seinen Landsleuten so sehr vermisst [1]), unterwerfen. Wir sehen ihn seine Geisteskräfte anspannen, um die richtigen Worte zu wählen und dieselben so zu verbinden, dass das Platte und Alltägliche vermieden werde, wir sehen ihn, den Blick auf die griechischen Muster gerichtet, Sprache und Versmass bilden und feilen, um seinen Versen die Grazie, den Wohllaut, das geistig Anregende zu verschaffen, wodurch sie die feinen Ohren der gebildeten Leser fesseln und sich die Ehre des decies repetita placebunt erwerben könnten. Was feinen Kunstgeschmack und Beherrschung der Sprache betrifft, so ist nicht leicht irgend ein anderer lateinischer Dichter oder Schriftsteller mit Horaz zu vergleichen. Fassen wir dieses Alles zusammen, haben wir dann noch nöthig zu fragen, ob Horaz als Lehr- und Satirendichter auf den Namen der Ursprünglichkeit Anspruch machen machen könne?

Zu derselben Zeit, in der Horaz Satiren schrieb, verfertigte er auch Jamben, die allgemein unter dem

---

1) Ars poet. 289 ff. 409 ff.

Titel Epoden bekannt sind: eine Dichtart, die aus Hellas nach Latium verpflanzt wurde und wenn er sich den parischen Sänger Archilochus zum Vorbilde wählte, dem das Lob zu Theil wurde, der Erfinder und Schöpfer der jambischen Poesie gewesen zu sein [1]). Inwiefern Horaz seinem Vorbilde gefolgt ist, gibt er selbst deutlich zu verstehen, indem er sagt [2]):

> Parios ego primus iambos
> Ostendi Latio, numeros animosque secutus
> Archilochi, non res et agentia verba Lycamben.

Er hat also den Archilochus in Versmass und Geist, nicht aber in Worten und Inhalt nachgeahmt, hierin hat er seine Eigenthümlichkeit bewahrt. Archilochus richtete seine Pfeile nicht selten gegen seine Feinde, um sich für persönliche Beleidigungen zu rächen, und er fiel über sie mit einer Heftigkeit her, die an Wuth, rabies, wie Horaz es nennt, grenzte [3]). Zeuge dessen ist Lycambes, der von ihm so jämmerlich heruntergemacht wurde, dass er aus Verdruss darüber sich selbst erhängte. Horaz dagegen richtete seine Angriffe gegen Solche, die im Allgemeinen des Hasses und der Verachtung würdig waren.

> Cave cave (ruft er aus) namque in malos asperrimus
> parata tollo cornua.

Wenn sich der Dichter zuweilen gegen verächtliche Neider oder treulose Liebchen im bittern Tone ausgelassen hat, da hat er es immer unter verhüllten Namen gethan. Die meisten dieser erdichteten Namen

[1]) Vell. Paterc. I, cap. 5
[2]) Epist. I, 19, 23
[3]) Ars poet. 79

scheint er der Vergessenheit Preis gegeben zu haben; jedoch befinden sich unter seinen Epoden einige, woraus man den Geist dieser Schmähgedichte kennen lernen kann: z. B. die, worin er einem vornehmen Pfuscher in der Dichtkunst, mit Namen Maevius, bei seiner Abreise zur See eine gute Reise wünscht (Epod. 10); oder die, worin er einen bösartigen Pamphletschreiber mit diesem Anruf begrüsst:

Quid immerentes hospites vexas, canis —

(Epod. 6); dann die, worin er eine gewissenlose Kupplerin mit ihren Helfershelfern schildert (Epod. 5 und 17). Nicht weniger Heftigkeit und Bitterkeit, mit erhöhter Leidenschaftlichkeit und Gluth gepaart, herrscht in der Epode „*ad populum Romanum*“, worin er seine Mitbürger wegen ihres Wahnsinns und Wüthens aus Anlass der Bürgerkriege tadelt. Der darin herrschende Ton leuchtet aus dem Beginne derselben: „Quo, quo scelesti ruitis?“ genugsam hervor. Wenn sich in diesen Schmähgedichten Versmass und Färbung des parischen Sängers wieder erkennen lassen, so ist Geist und Inhalt derselben doch echt römisch. Uebrigens tragen diese und einige andere Gedichte dieses Schlages den Stempel seiner Jugend an der Stirne: sie athmen ein Gefühl der Bitterkeit, das den feurigen Jüngling in dem ersten Schmerze über die Kränkung seiner Eigenliebe und die Täuschung seines Patriotismus beherrschte und in heftige Aufregung versetzte. Mit dem Glück wechselte auch seine Gemüthsstimmung und stimmte seine Muse einen freundlicheren Ton an, so dass ein guter Theil seiner folgenden Epoden, mit Ausnahme des Versmasses, von den Oden sich wenig unterscheidet: es sind lyrische Gedichte mit satirischer Färbung. Wer kennt nicht das anmuthige Gedicht auf das Landleben: „Beatus ille qui procul negotiis" (Epod. 2), worin das Behagen des Landmanns im Gegensatz der Sorgen und Plagen des Städters mit eben so viel Wärme als Wahrheit geschildert wird? Dieses liebliche Lied scheint dem Schlusse nach eine Satire zu sein. Das Lob auf das Landleben kommt nämlich, wie die Schlussverse darthun, aus dem Munde eines vornehmen Wechslers, Namens Alfius, der vor Kurzem alle seine ausstehenden Capitalien aufgekündigt hatte, um sein Leben auf dem stillen Lande zuzubringen, jedoch nach wenigen Tagen schon wieder zurück in die Stadt eilt, um seine Wechslergeschäfte neuerdings in Angriff zu nehmen. Dieses Lied ist also eine Satire, aber nicht auf das Landleben, sondern auf Jene, die es preisen und danach begierig, aber ausser Stande sind es zu geniessen. Diese Beispiele werden genügen um das dem Dichter so eben ausgestellte Zeugniss zu rechtfertigen und die Erkenntniss dessen zu verschaffen, dass Horaz, wenn er sich auch Archilochus zum Vorbilde genommen, dennoch weit entfernt davon gewesen ist, sich zu einem sclavischen Nachahmer dieses grossen Meisters zu machen.

Die Epoden halten gleichsam die Mitte zwischen der Satire und Ode und bilden also einen natürlichen Uebergang von der Satire zu dem lyrischen Gedichte, dem Zweige der Poesie, dem Horaz den grössten Theil seiner Berühmtheit zu verdanken hat.

Das lyrische Gedicht, ein Erzeugniss des grie

classischen Geistes, war Latium bis nun so gut als fremd geblieben. denn die Lieder Catull's, wiewohl sie sich durch Lieblichkeit und Naivität anempfehlen, bewegen sich doch im Allgemeinen in einer niedrigen Sphäre und entbehren einestheils der edlen Anmuth, anderntheils der Zartheit und Glätte, die von den Musen unzertrennbar ist. Horaz wendete sich den griechischen Sängern zu, mit denen er sich bereits in seiner Jugend vertraut gemacht hatte, und vor Allem waren es die Lesbischen Sänger, die ihn mit ihren Weisen fesselten: Sappho, die kraftvolle Sängerin, deren Saiten, wie er sagt, von Liebesgluth flammten *), und Alcäus, dessen Herz eben so warm für Freiheit als für Freundschaft und Liebe schlug; der, wie unser Dichter sagt:

> Qui ferox bello, tamen inter arma,
> Sive jactatam religarat udo
> Litore navim,
> Liberum et Musas Veneremque et illi
> Semper haerentem puerum canebat

„Der inmitten der Stürme des Kriegs, sobald sein Kahn in einem sicheren Hafen gelandet war, den Grazien und Musen und dem Liber pater seine Huldigung darbrachte.“ In Alcäus fand Horaz gleichsam einen Geistesverwandten, aber auch Anacreon, Simonides, Pindarus und die übrigen lyrischen Dichter blieben ihm keineswegs fremd. Er machte sich ihr

*) Masculam Sappho nennt sie Horaz Epist. I, 19, und von ihren Gedichten sagt er: Spirat adhuc Amor — Aeoliae fidibus puellae (Carm. IV, 9). Beiden, Alcäus und Sappho, wird ein hervorragender Platz an dem Hofe der Proserpina eingeräumt (Carm I 32)

Versmasse und ihre Sprache zu eigen und bereicherte seinen Geist mit ihren Ideen und Bildern, so dass er gleichsam den spätern Grajae Camenae in sich aufnahm, um ihn in die Sprache Latiums zu übertragen.

Soll dem Horaz deshalb Ursprünglichkeit versagt werden? Er war als lyrischer Dichter so ursprünglich, als dieses Jemand in einem Jahrhundert, welchem die schönsten Muster vor Augen standen, sein konnte; und wenn er auch nicht die reiche Dichterader eines Alcäus oder eines Pindar, nicht das tiefe Gefühl eines Simonides oder Mimnermus besass, so fehlte es ihm doch nicht an Talenten, welche ihm mit vollstem Recht Anspruch auf den Namen eines lyrischen Dichters gaben. Oder erheischte es nicht schon ein hohes Mass, nicht allein von Studium und Geschmack, sondern auch von Geist und Kunst, der lateinischen Sprache die Geschmeidigkeit zu geben, dass sie das Musikalische, Liebliche und Witzige ihrer griechischen Schwester in sich aufnahm, und sich dieses so zu eigen machte, dass sie in diesem fremden Schmucke sich so wie in ihrem eigenen Gewande zu bewegen schien? Horaz hat das griechische Versmass auf eigenthümliche Weise behandelt, seine Alcaischen und Sappho'schen Strophen sind so fliessend und klar, dass sie hinter den Originalen gewiss nicht zurückblieben. Er verstand in ausgezeichneter Weise die Kunst, Versmass und Rhythmus mit den Gedanken und Worten in Harmonie zu bringen und so gleichsam mit Klängen zu schildern. Will man eine einzelne Probe, so lese man z. B. das Frühlingslied, Carm. I, 4. Wie anmuthig wird hier das Lachende der aufblühenden Natur im Gegensatze zu der Kraftanstrengung bei den wiederbeginnenden Arbeiten geschildert, jenes unter dem Bilde von Cytherea mit ihren Nymphen, dieses unter dem Bilde des Vulcan mit seinen Cyklopen:

Jam Cytherea choros ducit Venus
    imminente luna,
Junctaeque Nymphis Gratiae decentes
Alterno terram quatiunt pede,

worauf dieser Gegensatz folgt:

dum graves Cyclopum
Vulcanus ardens urit officinas.

Um von der Wahl der Bilder und Worte nicht zu sprechen, so fühlt doch Jeder der Ohren hat, wie hier durch die Verschiedenheit von Versmass und Chour das Heitere des Reigens gegenüber dem Mühsamen der Schmiedearbeit gleichsam gemahlt wird.

Aber auch was Ideen und Inhalt betrifft, bewahrte sich Horaz seine Individualität. Durch die griechischen Bilder und Farben, womit er seine Gedichte verziert, scheint der römische Geist und Character hindurch, so dass wir darin den Zeitgenossen des Mäcenas und Augustus wieder erkennen. So ist z. B. das Lied an Thaliarchus „Vides ut alta stet nive candidum" (Carm. I, 9) zum Theile eine Nachahmung des Alcäus, doch aber ist das Ganze in Geist und Inhalt echt Horazisch. Die Hymne an Augustus „Quem virum aut heroa" (I, 12) beginnt mit einem dem Pindar entlehnten Eingange und ist mit griechischen Bildern und Figuren geschmückt, aber Inhalt und Hauptgedanken sind römisch. Wenn also Horaz die lyrischen

Dichter der Griechen sich zum Vorbilde genommen, so ist er doch weit davon entfernt sie in sclavischer Weise nachzubilden.

Horaz spricht sich an mehr als einer Stelle über sein Dichtertalent aus. Einmal vergleicht er sich mit der arbeitsamen Biene, die mit Fleiss ihre kunstvollen Honigzellen verfertigt:

Ego, apis Matinae
More modoque … operosa parvus
Carmina fingo *)

An einer anderen Stelle sagt er, dass es nicht seine Sache sei, Schlachten und Heldenthaten zu besingen:

Nos convivia, nos proelia virginum
Sectis in juvenes unguibus acrium
Cantamus *)

Aus diesen Stellen haben Einige die Folgerung gezogen, dass Horaz seinem eigenen Geständniss nach weniger Fähigkeiten und Geist, als Geschmack und Kunstfleiss besass, und dass seine Leier in ihrer Art nicht für das Ernste und Erhabene, sondern nur für das Fröhliche und Heitere gestimmt war; mit anderen Worten, dass Horaz eigentlich der Dichter der Liebe und des Weines war, jedoch für erhabenere Gegenstände weniger Anlage besass und sich nur mit grosser Kraftanstrengung in höhere Sphären erheben konnte. Diejenigen, die so urtheilen, haben nicht bemerkt,

*) Carm. IV, 2, 27.

*) Carm. I. 6, 17 sqq. Für „sectis" hat Bentley „strictis" zu setzen vorgeschlagen. Eine unglückliche Conjectur. Das witzige Oxymoron, das in sectis — acrium liegt, hat er nicht herausgefühlt.

dass Horaz hier ironisch von sich selbst spricht; es ist die *sermo urbani, parcentis viribus*, wie er sich an einer Stelle ausdrückt[1]) Das Bewusstsein, das er von seiner eigenen Kraft hatte, ist vielmehr in dem Schlussgedichte des dritten Buches ausgedrückt, oder in folgenden, in der Widmung an Mäcenas vorkommenden Versen (Carm. I, 1):

> Me doctarum hederae praemia frontium
> Dis miscent superis -

Allerdings spielen Amor und Bacchus in den lyrischen Gedichten des Horaz eine hervorragende Rolle, jedoch mangelt ihm deshalb weder höherer Ernst noch erhabenerer Flug. Oder bleibt er etwa hinter seinem Gegenstande zurück, wenn er in der Ode an Licinius „Rectius vives, Licini“ (II, 10) die *aurea mediocritas* preist, oder in dem Liede an Grosphus „Otium divos rogat“ (II, 16) die Seelenruhe und Zufriedenheit als die wahre Quelle des Glückes besingt, ferner wenn er in der Ode an Calliope „Descende coelo“ (III, 4) der Poesie ein Loblied widmet, oder in dem Gesange an die Römer „Delicta maiorum immeritus lues“ (III, 6) die Ueppigkeit seiner Zeit im Gegensatze zu der Einfachheit der kräftigen Vorfahren schildert; endlich in dem Loblieds auf Drusus „Qualem ministrum fulminis alitem“ (IV, 4) die Heldenthaten des Geschlechtes der Claudier preist? Horazens Lyra mag vorzugsweise sanfte und liebliche Töne hören lassen, darum aber fehlt ihm weder das *os magna sonaturum* noch der höhere Flug, den er in einer Ode auf Pindarus (IV, 2) so herrlich schildert.

[1]) Serm. I, 10, 13.

Aber man darf von einem Dichter das nicht fordern, was ausser seiner Sphäre, ausserhalb des Gesichtskreises seiner Zeit und seines Volkes liegt. In dieser Hinsicht war der lyrische Dichter der Römer im Verhältnisse zu den Sängern der Griechen bedeutend im Nachtheil. Diesen letzteren strömte der Stoff zu erhabeneren Gesängen von allen Seiten zu. Staats- und Kriegsleben, Gottesdienst, Volksfeste, Spiele, dies Alles lieferte dem dichterischen Genius reichliche Nahrung zu höherem Schwunge, während zugleich eine reiche Mythologie, eine Sagenwelt, die die Gegenwart mit der fabelhaften Vergangenheit verknüpfte, der Phantasie ein weites Feld öffnete. Und was bot nun Rom im Jahrhundert des Augustus Dichterisches dar? Ausser der Natur und den geselligen Kreisen war beinahe nichts, was den Dichter zum Gesange aufmuntern konnte, und so war das lyrische Gedicht von selbst auf das Besingen des stillen Naturgenusses oder auf das Lob des Amor und Bacchus und der Grazien beschränkt *). Wollte er einen höheren Flug nehmen, so musste er sich selbst seine Welt schaffen, musste aus sich selbst die Kraft schöpfen um seine Zuhörer und Leser zu erheben und zu begeistern. Horaz hat eine neue Form des lyrischen Gedichtes geschaffen, die für seine Zeit vollkommen passend war. Es sind diess die Lieder, welche ich mit dem Namen der ethischen bezeichnete, in denen das gnomische Element mit dem lyrischen gleichsam in Eins verschmolzen ist, und allgemeine Gedanken und

*) Man findet diesen Gegensatz in der Ode auf Pindar, Carm. IV, 2, angedeutet.

Sittensprüche, angeknüpft an bestimmte Personen und Vorfälle, in eleganter, kräftiger und bilderreicher Sprache vorgetragen werden. Es ist diese eine Form der lyrischen Poesie, die für alle Zeiten passt, die durch die Verbindung des *delectare* mit dem *docere* allgemein fesselt; und wohl hat dies nicht wenig dazu beigetragen, dass die Oden des Horaz einen Beifall fanden, der keinem der griechischen Lyriker zu Theil geworden ist.

Aber Horaz war vielleicht ein mehr durch Kunst als durch die Natur zum Dichter gebildeter Geist. Niemand wusste den Werth der Kunst mehr zu schätzen, als Horaz, Niemand kannte mehr all' ihre Hülfsquellen, all' dasjenige

Unde parentur opes, quid alat formetque poëtam [1]),

auch liess er kein Gedicht durch, das nicht *ad unguem* gefeilt und vollendet war. Daher kömmt es, dass seine Gedichte eine Vollkommenheit besitzen, eine Vortrefflichkeit, was Versmass, Sprache und Ausdruck betrifft, die bei Wenigen in gleichem Masse zu finden ist. Hätte Virgil auf seine Gedichte dieselbe Sorgfalt verwendet, dann würde seine Aeneis an vielen Stellen einen anderen Anblick gewähren. So sehr aber Horaz die Kunst achtete, ebenso sehr war er auch überzeugt, dass diese ohne natürliche Anlage nichts vermöge [2]), und er würde sich gewiss wohl gehütet haben, in dem geweihten Chore Platz zu nehmen, wäre er

[1]) Ars poet. 307. Vgl. 291 ff.

[2]) Ars poet. 409:

Ego nec studium sine divite vena,
Nec rude quid possit video ingenium.

nicht, wie er sich ausdrückt, versichert gewesen, dass seine Leier durch Euterpe und Polyhymnia besaitet worden sei ¹).

Zu den ersten Erfordernissen eines Dichters gehören Gefühl und Phantasie. Gefühl ist vor allem die Seele des lyrischen Gedichts. Dieses hat aber viele Nüancen. Horaz besitzt meines Erachtens weniger Tiefe als Lebhaftigkeit des Gefühls. Er war, wie er selbst bekennt, leicht erregbar, aber er kam auch schnell wieder zur Ruhe ²). Sein reizbares Gefühl ist für alle Empfindungen, heftige und sanfte, fröhliche und traurige, empfänglich; aber es sind immer nur kurze Zeit währende Eindrücke, die bald wieder der Gemüthsruhe Platz machen.

Seine erotischen Gedichte zeichnen sich ebenso durch Gefühl und Wärme, als Witz und Anmuth aus. Alle Zustände des liebenden Herzens, alle Empfindungen, Qualen und Freuden, welche die Liebe erzeugt, sind daselbst naturgetreu und lebendig geschildert. Wie viel Ernst mit Bitterkeit gepaart findet sich in dem Liede an *Neaera* „Nox erat et caelo fulgebat luna sereno (Epod. 15); ist es nicht der Schmerz einer ersten getäuschten Liebe, der da spricht? Ein schärferer Ton herrscht in Carm. I, 25 an *Lydia*, die unerbittliche Schöne, die er ihrer Kälte wegen verwünscht. Man hört hier die Sprache des aufgebrachten Jünglings, dem der Zorn Worte in den

---

¹) Carm. I, 1. *Euterpe* ist die Muse des heiteren, lieblichen Liedes, *Polyhymnia* die des erhabenen Gesanges.

²) Epist. I, 20, 25 Irasci celerem, tamen ut placabilis essem.

Mund legt, die beinahe die Grenzen der Zartheit überschreiten. Dagegen welch' eine innige Empfindung der Liebe, wenigstens für einen Römer, ist ausgedrückt in Carm. III, 9, gleichfalls an eine Lydia gerichtet, mit welcher der Dichter nach heftigem Zwiespalt sich wieder aussöhnt. Das amantium irae amoris integratio est ist hier sprechend ausgedrückt in einem Wechselgesange zwischen dem Liebhaber und der Geliebten, wenn Zorn und Vorwürfe sich gegenseitig in das

Tecum vivere amem, tecum obeam libens

auflösen. Nicht weniger Gefühl blickt in dem Liede an Tyndaris (I, 17) durch, worin er sie zu einem Besuche auf sein Landgut einladet, um daselbst in einem kühlen Thale bei Gesang und Saitenspiel und unter dem Schutze der Götter die aus ihrem Füllhorn über die Felder gestreuten Gaben zu geniessen. Uebrigens sind die Liebesgedichte des Horaz Muster von Geist und Anmuth, und auch zugleich, wenn man von einigen Bildern und Ausdrücken absieht, die unser Gefühl beleidigen[1]), Muster von Zartheit. Ich verweise nur auf die Ode an die flatterhafte

---

[1]) Ich sage mit Absicht, „die unser Gefühl beleidigen", denn unter diesen Ausdrücken sind viele, die uns wohl etwas roh erscheinen, aber doch den Alten nicht so anstössig vorkamen als sie uns erscheinen, so z. B. Carm. I, 25 libido quae solet matres furiare equarum; II, 8 [illegible] in Venerem. Ebenso das Wort [illegible] von amator, v. scortum devium in Carm. II, 11, 21, von einer Zitherspielerin gesagt. Die Alten nahmen es bei der Wahl der Worte nicht so genau. Nennt nicht Demosthenes in seiner Rede „de Corona" den Aeschines [illegible] und wem ist nicht das [illegible] bekannt?

Pyrrha (I, 5), auf die an die schlechtere Chloë (I, 23), und dann auf die an die eben so schöne als treulose Barine (II, 8), worin eine Schmeichelei mit einem Vorwurfe witzig verwebt ist.

Mehr Ungebundenheit herrscht in seinen Wein- und Tafelliedern; aber sein warmes Gefühl für Freundschaft, seine herzliche Theilnahme in Freude und Leid blicken vor Allem in manchem an seine Freunde gerichteten Gesange durch. Welch' inniger Schmerz, durch Ergebung gemildert, drückt sich in dem kurzen Trauerliede auf den Tod des Quinctilius (I, 24) aus:

Quis desiderio sit pudor aut modus
Tam cari capitis? etc.

Wie schön wird der Werth und das ohnmächtige Vermissen des Unvergeßlichen in folgenden Versen geschildert:

Ergo Quinctilium perpetuus sopor
Urget! Cui Pudor et Justitiae soror
Incorrupta Fides, nudaque Veritas
Quando ullum inveniet parem?

In der Ode an seinen Freund Septimius „Septimi, Gades aditure mecum" (II, 6), spricht sich ein Gefühl von Zärtlichkeit, von sanfter Melancholie aus, die an die Elegien Tibull's erinnert. Und zeugt nicht mehr als eine Ode an Mäcenas von der herzlichsten Anhänglichkeit an seinen Wohlthäter, von seiner Theilnahme und Besorgniss in allen Dingen, die ihn betreffen? Ich verweise nur auf Epod. I, geschrieben als Mäcenas den Vorsatz gefasst hatte, dem Augustus zu Schiffe nach Actium zu folgen; auf Carm. II, 17, dem Mäcenas gesandt, als er durch ein Siechthum niedergedrückt war; auf die überaus schöne Ode,

6*

Tyrrhena regum progenies (III, 29), worin der Dichter seinen Freund auffordert, seinen prachtvollen Palast eine Zeit lang zu verlassen und bei ihm auf seinem einfachen Landsitze von den Staatssorgen auszuruhen: dies Lied ist so voll von Gefühl, so inhaltsreich und zugleich der Form nach so schön, dass es allein genügend wäre, dem Horaz unter den lyrischen Dichtern einen ehrenvollen Platz zu sichern.

Will man ein Lied, worin hochgestimmte Freudigkeit, herzliche Theilnahme zum Entzücken schön ausgedrückt ist, so lese man die Ode an Pompejus Varus (II, 7)

O saepe mecum tempus in ultimum
Deducte Bruto militiae duce,

in der er diesen alten Kameraden bei seiner Zurückkunft aus der Verbannung, aus welcher derselbe, vielleicht nicht ohne Horazens Zuthun, zurückgerufen worden war, bewillkommnet. Das Herz des Dichters hüpft vor Fröhlichkeit; das Glück der Gegenwart vereint sich mit der Erinnerung an die Vergangenheit und erfüllt seine Seele mit Freude und Dankbarkeit, die sich bis zur Entzückung steigern. Die Abwechselung und Steigerung der Empfindungen sind in diesem Liede auf eine Weise ausgedrückt, die ebenso sehr dem Herzen als dem Geiste des Sängers zur Ehre gereicht.

Und dass es dem Horaz an glücklicher Phantasie nicht mangelte, das bedarf wahrlich keiner Erwähnung. Seine Poesie ist reich an Bildern, die der Natur und dem Leben entlehnt sind; gleichwohl gilt hier dasselbe, was ich über sein Gefühl sagte: seine Bilder besitzen weniger Tiefe und Reichthum, als Feinheit und Geschmack. Neue Bilder wird man freilich bei Horaz nicht viele finden, und es war dieses auch fast unmöglich; aber bekannte Bilder bekommen unter seiner Hand einen Glanz der Neuheit, eine eigenthümliche Farbung und Gestalt. Horaz pflegte meistens nur mit einem einzigen Federzuge zu zeichnen, der das ganze Bild vor die Seele ruft. Besonders thut er sich durch eine Bildersprache, die den Gedanken anschaulich vor die Augen stellt, hervor. So wird eine unbeständige Schöne unter dem Bilde der lachenden, aber trügerischen See vergegenwärtigt. „Miseri, quibus intentata nites"¹ (Carm. I. 5). Erwecken diese Worte nicht in uns den Gedanken an den Schiffer, der sich den blinkenden Meereswogen unbedachtsam anvertraut? Dem Thaliarchus zeigt er das Nutzlose ängstlichen Sorgens der Zukunft wegen unter folgendem Bilde (Carm. I, 9):

Permitte divis cetera, qui simul
Stravere ventos aequore fervido
Deproeliantes, nec cupressi
Nec veteres agitantur orni.

Insbesondere kommt die Bildersprache in seinen ethischen Gedichten vor. Man erinnere sich nur an das

Saepius ventis agitatur ingens
Pinus etc. (Carm. II, 10),

an das

Non semper imbres nubibus hispidos
Manant in agros etc. (Carm. II, 9),

ferner an das

Crescit indulgens sibi dirus hydrops
(Carm. II, 2),

und so viele andere Sprüche, die in eine so plastische, lebendige Form eingekleidet sind, dass sie sich dem Gedächtnisse wie von selbst unverwischbar einprägen [1]).

Aber auch ohne Bilder kann die Sprache dichterisch sein, allein schon durch die Lebendigkeit der Darstellung, die Wahl, Stellung und Entgegensetzung der Worte. Oder haben Verse wie diese keine dichterische Färbung

Dulce et decorum est pro patria mori.
(Carm. III, 2, 13)

Vis consili expers mole ruit sua.
(III, 4, 65)

Quid brevi fortes iaculamur aevo multa?
(II, 16, 17.)

Wie anmuthig ist folgende Strophe (Carm. II, 10):

Auream quisquis mediocritatem
Diligit, tutus caret obsoleti
Sordibus tecti, caret invidenda
Sobrius aula.

Wie kraftvoll diese (III, 2).

Virtus, repulsae nescia sordidae,
Intaminatis fulget honoribus,
Nec sumit aut ponit secures
Arbitrio popularis aurae.

Vorzüglich ist es die Aneinanderreihung und die stufenweise Steigerung der Gedanken, die der Sprache Kraft und Erhabenheit gibt. Man erinnere sich nur an die unvergleichlich schöne Strophe, worin die wahre Standhaftigkeit geschildert wird (Carm. III, 3):

[1]) H. Düntzer Krit. u. Erkl. der Oden, nennt diese das „Symbolische" Seite 3 12 f

Justum et tenacem propositi virum
Non civium ardor prava jubentium,
Nec vultus instantis tyranni
  Mente quatit solida, neque Auster,
Dux inquieti turbidus Hadriae,
Nec fulminantis magna manus Jovis:
  Si fractus illabatur orbis,
  Impavidum ferient ruinae.

Minder glänzend, aber nicht weniger inhaltvoll sind die bekannten Zeilen (III, 6):

Damnosa quid non imminuit dies?
Aetas parentum, pejor avis, tulit
  Nos nequiores, mox daturos
  Progeniem vitiosiorem.

Wie kurz ist in diesen drei letzten Versen die durch vier Generationen anhaltende Entartung, und wie treffend zugleich der stets zunehmende Verfall durch die Wahl und Stellung der Worte pejor — nequior — vitiosior ausgedrückt. Man mache einmal den Versuch, dergleichen Stellen in eine andere Sprache eben so kurz, einfach und bündig zu übertragen, und man wird lange sinnen und an den Nägeln kauen, bis man den treffenden Ausdruck gefunden haben wird.

Wie viel Fleiss Horaz auf die Auswahl und Verbindung der Worte verwendete, lehrt seine Ars poetica [1]). Auch verstand er die Kunst, mit wenigen

---

[1]) Ars poet. 46 sqq.

In verbis etiam tenuis cautusque serendis,
Dixeris egregie, si notum callida verbum
Reddiderit junctura novum.

Bekannt ist das Urtheil des Quinctilian. Inst. Or. IX, 1, 96. „Lyricorum idem Horatius fere solus legi dignus; nam et in-

Worten viel auszudrücken, meisterhaft. Wenn er z. B. seine Pyrrha „simplex munditiis" (Carm. I, 5) nennt, wird durch diese zwei Worte uns nicht das ganze Bild der Schönen vor die Seele gezaubert? Wenn er von Paulus Aemilius sagt: „animae magnae prodigum Paulum" (Carm. I, 12), wie treffend wird dadurch, bloss durch die Wortverbindung, der erhabene Charakter und die Selbstaufopferung dieses Römers geschildert! Von welcher Wirkung die richtige Stellung eines einzigen Wortes sein kann,* lässt sich z. B. aus folgenden Versen an Archytas ersehen (Carmen I, 28):

Nec quidquam tibi prodest
Aërias tentasse domos animoque rotundum
Percurrisse polum, *morituro!*

Drückt nicht dieses letzte Wort an dieser Stelle einen ganzen Gedanken aus? Nicht minder zeichnet er sich durch treffende Antithesen aus. In Carm. I, 12, wo Roms grosse Männer erwähnt werden, kommt diese Strophe vor:

Romulum post hos prius, an quietum
Pompili regnum memorem, an superbos
Tarquini fasces, dubito, an Catonis
Nobile letum.

Hier wird der Tod des Cato einzig und allein der Regierung von Roms drei berühmtesten Königen gegenübergestellt. Könnte die Grösse des letzten Republikaners in helleres Licht gestellt werden als durch eine derartige Antithese?

---

surgit aliquando, et plenus est jucunditatis et gratiae, et varius *figuris et verbis felicissime audax."*

Was vor allem in den Gedichten des Horaz charakteristisch ist und denselben eine eigenthümliche Färbung gibt, das ist eine Mischung, wenn ich so sagen darf, von Inspiration und Reflexion, von Poesie und Philosophie. Herausgeschwungen einem fröhlichen Gemüthe entsprungen, reizend verzierte Bilder sind mit ernsten Gedanken verflochten, die einen Schatten auf einer heiteren Landschaft gleichen. Ein einziges Beispiel wird hinreichen, um die gemachte Bemerkung zu bestätigen. In dem Frühlingsliede an Sextius „Solvitur acris hiems" (Carm. I, 4), in dem der Dichter das Heitere und Anmuthige der wiederauflebenden Natur schildert und seinen Freund zum Genusse ermuntert,

> Nunc decet aut viridi nitidum caput impedire myrto
> Aut flore, terrae quem ferunt solutae.

stösst ihm plötzlich der Gedanke auf:

> Pallida mors aequo pulsat pede pauperum tabernas
> Regumque turres. —

Aber es ist nur eine vorüberziehende Wolke, die sogleich wieder einem heitern Himmel Platz macht.

Ich hätte eben so gut auf einen andern Frühlingsgesang hinweisen können, auf den an Torquatus gerichteten (Carm. IV, 7):

> Diffugere nives, redeunt iam gramina campis
> Arboribusque comae.

wo dem lieblichen Bilde der sich stets wieder erneuernden Natur das kurzwährende und gebrechliche Leben des Menschen gegenübergestellt wird:

> Nos, ubi decidimus,
> Quo pius Aeneas, quo Tullus dives et Ancus,
> Pulvis et umbra sumus.

In dieser ganzen Ode ist das Anmuthige mit dem Düsteren, das Fröhliche mit dem Ernsten auf eine unbeschreiblich schöne Weise vereint.

Dabei verläugnet sich auch in dem lyrischen Dichter der Satiriker nicht. Satiren waren die erste Frucht seines Griffels, und derselbe Scherz mit Ironie, welcher diese Art der Dichtkunst kennzeichnet, blickt auch in seinen Oden auf jeder Seite durch. Es scheint zuweilen, als ob zwei Personen aus dem Munde des Dichters sprächen, der Günstling der Melpomene und der schalkhafte Satyr, der unter die hochgestimmten Töne der Ode sein schelmisches Gelächter mischt. Gleich das erste Gedicht, die Widmung seiner lyrischen Gedichte an Maecenas, liefert hiervon ein sprechendes Beispiel. Der Inhalt desselben ist: das Eitle und Nichtige Dessen, dem die grosse Menge nachjagt, des Ruhmes, der Ehrenämter, der Schätze und Vergnügungen nämlich, im Gegensatze zu dem erhabenen Ziele, dem hohen Berufe des Dichters. Horaz beginnt mit den Prunk- und Ruhmsüchtigen, die er unter dem Bilde der olympischen Wettkämpfer darstellt:

Sunt quos curriculo pulverem Olympicum
Collegisse iuvat, metaque fervidis
Evitata rotis palmaque nobilis
Terrarum dominos evehit ad deos

Ueber dieser lebendigen und kräftigen Schilderung liegt zugleich eine satirische Färbung: das Diminutivum „curriculo“ (für quadrigae), das „pulverem colligere“ (eine Wolke von Staub aufsteigen machen), das hyperbolische „evehit ad deos“, — dieses Alles wirft eine ironische Schattirung auf das Glänzende dieses Wettstreites und die Ehrenpalme, die beinahe einem Triumphe gleichgeachtet wurde. Am Schlusse schildert er das Erhabene seines eigenen, des Dichterstandes, in diesen Versen:

Me doctarum hederae praemia frontium
Dis miscent superis, me gelidum nemus
Nympharumque leves cum Satyris chori
Secernunt populo etc.

Hier hören wir die Sprache des dichterischen Selbstgefühls; das Lied schliesst mit diesen an Mäcenas gerichteten Zeilen.

Quodsi me lyricis vatibus inseres,
Sublimi feriam sidera vertice.

In dem Hyperbolischen dieser letzten Worte liegt gleichfalls etwas Ironisches. Es liegt eine satirische Färbung über der Schilderung der Erhabenheit des Dichters, die am Schlusse in der Ruhmsucht, über die grosse Menge hervorzuragen, durchblickt.

Das Ironische spielt in der lyrischen Poesie des Horaz überhaupt eine grosse Rolle. Wir haben diess, in dem Ueberblicke über sein Leben und seine Werke, bereits an mehr als einer Stelle, wo der Dichter von sich selbst spricht, bemerkt. Noch ein merkwürdiges Beispiel hievon will ich hier zum Schlusse beifügen. Das zweite Buch der Oden wird mit einem Liede beschlossen, worin der Dichter sich die Unsterblichkeit vorspiegelt. Er stellt sich selbst unter dem Bilde des Schwans dar, der himmelwärts aufsteigen und im erhabenen Fluge über der Erde schweben wird. Schon fühlt er sich in die Gestalt dieses Vogels übergehen:

Iam iam residunt cruribus asperae
Pelles et album mutor in alitem
Superne, nascunturque leves
Per digitos humerosque plumae.

Diese Verse haben manchem Gelehrten Stoff zur Kritik gegeben. Wie? sollte hier der Dichter sich selbst vergessen, nicht gefühlt haben, dass vom Erhabenen zum Lächerlichen nur ein Schritt ist? Meines Erachtens, keineswegs. es ist Scherz, Ironie; es ist ein Spottgelächter über die dichterische Selbstüberhebung, wodurch er sich in den Schwan des Phöbus verwandelt wähnt. Die Mischung, die Verschmelzung von Ernst und Scherz, von Gefühl und Reflexion gibt der Poesie des Horaz eine eigenthümliche Farbe, etwas Humoristisches, das bei keinem der alten Dichter so angetroffen wird. Die Beachtung dessen kann, glaube ich, den Schlüssel zur Erklärung so mancher Stellen und Ausdrücke bieten, an denen einige gelehrte Ausleger Anstoss genommen haben *).

Hiermit endige ich. Ich habe mich bestrebt, die Eigenthümlichkeit des Horaz als Dichter in einigen Hauptzügen ans Licht zu stellen. Es war keineswegs meine Absicht, eine Kritik seiner Poesie zu liefern, ich würde sonst in mehrere Eigenthümlichkeiten der Sprache, des Styls und der Composition, welche seine

*) Vgl. Mendel die Horazische Lyra (Berlin 1841) S 38 „Witz und Humor regen sich daneben wahrhaft genial, und diese eben täuschen nicht selten einen allzu nüchternen Verstandesmenschen, der bei mangelndem poetischen Takt leicht annimmt, es fehle die streng logische Gedankenverbindung, auch wohl, es sei der Ausdruck jetzt matt, jetzt schülerisch, jetzt für den Gedanken nicht passend u. s. w."

Gedichte kennzeichnen, näher haben eingehen müssen; und hiebei hätte ich auch nicht unterlassen können auf kleine Gebrechen, Mängel und Unvollkommenheiten aufmerksam zu machen, die zum Beweise dienen, dass auch unser Dichter den Gipfelpunkt der Vollkommenheit nicht erreicht habe. Ich hätte dann vielleicht auf eine, wenigstens nach unserem Geschmack, zu häufige Benützung der griechischen Sagen, auf ein nichts weniger als mässiges Anwenden von Gräcismen, auf ein zuweilen zu starkes Streben nach Kürze und Bündigkeit, wohl auf Kosten der Deutlichkeit, endlich auch auf ein Gebrauchen neuer Worte und Bezeichnungen, hingewiesen. Ist es wohl zu wundern, wenn auch unserem Dichter zuweilen geschah, was er in der Epistola ad Pisones sagt?

Maxima pars vatum, Pater et juvenes patre digni,
Decipimur specie recti

Jedoch dieses liegt ausserhalb des Planes dieser Abhandlung.

Hat ein Blick auf die Gedichte des Horaz uns gezeigt, dass es ihm an der höheren Begabung, die den Dichter bildet, nicht mangelte, so zeigt uns ein Blick auf sein Leben, dass die Poesie für ihn nicht blos eine Sache des Studiums und der Erholung, sondern ein Bedürfniss für seinen Geist und der Ausdruck seiner Seele war. Sein Dichten war mit seinem Denken und Leben enge verbunden. In seiner Jugend, durch Widerwärtigkeiten und die Ungunst des Schicksals verbittert, machte er seinem Ärger in Spott- und Hohngedichten Luft. Später mit dem Schicksal ausgesöhnt, ergreift er die Cither und lässt ihre Saiten für Liebe und Freundschaft, für Tugend und Weisheit, für die Ehre der Helden, der Götter und des Vaterlandes erklingen. In seinen reiferen Jahren ergiesst er sein Inneres in Briefen, in denen er lehrend und scherzend den Weg weist, der zur Weisheit und zum Lebensglücke führt. Zuletzt tritt er als Kritiker auf, um die Regeln der Kunst, welche die Aufgabe seines Lebens ausmachte, auseinanderzusetzen und die Jünglinge das Echte vom Falschen unterscheiden zu lehren. So zeigt sich in der Poesie des Horaz ein Fortschritt und eine Entwicklung, die mit seinem Leben und seiner Bildung als Mensch auf das genaueste zusammenhängt, und vereint ist mit einer stets zunehmenden Feinheit und Klarheit des Styls und Ausdrucks, welche von seinem fortwährenden Streben nach höherer Vervollkommnung und Meisterschaft Zeugniss geben *).

*) Schliesslich noch einige Andeutungen über die leiblichen Zustände des Horaz. Seine geistige Thätigkeit scheint vielfach durch Krankheiten unterbrochen oder gehemmt worden zu sein. Er erwähnt auch öfters der Krankheiten, an denen er gelitten. Schon im kräftigsten Mannesalter, im 28 Jahre, auf der Reise nach Brundusium (Sat. I, 5, 30) finden wir ihn augenkrank, „triefäugig", lippus, wie er es nennt, welches Uebel vielleicht schon älter gewesen ist und ihn am Arbeiten vielfach gehindert haben muss. Vorzüglich scheint er eine grosse Nervenreizbarkeit besessen und an Nervenübeln gelitten zu haben, denn er besuchte öfters Bajä, dessen Schwefelquellen für Nervenleiden besonders empfohlen wurden, bis er sich später einer anderen Behandlungsweise unterwarf. Der berühmte Arzt Antonius Musa hatte nämlich eine neue Heilmethode angewandt und diese zu grossem Ansehen gebracht, indem er den Augustus, welcher an der Gicht litt, und durch Wärme und andere übliche Mittel behandelt, fast ganz abgezehrt war, durch Entgegengesetztes

herzustellen durch kaltes Wasser nämlich, was, nach den Andeutungen darüber, den gegenwärtigen Wasserkuren ähnlich war. Diese Heilmethode wählte dann auch Horaz, Bajä aufgebend, und hierauf besingt er auch sein Lob des kalten Wassers des Digentia-Baches: „das heilt uns der [illegible], kranken Haupt und Leibe stärkend." Mit der Nervenverstimmung waren bei Horaz wahrscheinlich auch Unterleibsleiden, wie gewöhnlich, als Folge verbunden. So litt er an Abspannung, Lebensunlust, an Trübsinn (Hypochondrie), an launenhafter Reizbarkeit. Einen solchen Zustand schildert er einmal, in seinem 45. Jahre, einem Freunde (Epist. I, 8, 1). Er [illegible] es [illegible], was zunächst eine Krankheit des Alters bezeichnen, andere Trägheit und Erschlaffung, oft in Schlafsucht übergehend, die Zeichen derselben waren. Obgleich der von ihm geschilderte Zustand seinen Grund im Leiblichen hatte, so schreibt er ihn doch ganz der Seele zu, weil er keine Schmerzen empfand und sich körperlich gesund glaubte. Vieles Andere wusste er überhaupt viel besser als Naturwissenschaftliches, was aus Manchem sonst abzunehmen ist.

Der Körper des Horaz war schwächlich und klein. Er sagt selbst, in scherzhafter Uebertreibung (Sat. II, 3, 309), dass er „nur zwei Fuss von oben bis unten gemessen habe". In späteren Jahren scheint auch seine Gestalt durch ein „Bäuchelchen" nicht verschönert worden zu sein. Kurz eine stattliche und kräftige Gestalt dürfen wir uns in ihm nicht denken. S. Aug. Arnold: das Leben des Horaz S. 75 f.

Chronologischer Ueberblick.

Dass in dieser chronologischen Tafel mehrere Thatsachen vorkommen, deren Zeit noch nicht ganz genau festzustellen ist, wird jeder Kundige von selbst bemerken. Dies gilt z. B. hinsichtlich des Geburts- und Todesjahres von mehr als einem Dichter, auch in Hinsicht der Zeit der Abfassung oder der Herausgabe verschiedener Dichtwerke des Horaz. Ich habe mich hierbei an dasjenige gehalten, was mir das Wahrscheinlichste schien, ohne darum die Sache als ausgemacht zu betrachten. Eine nähere darauf bezügliche Untersuchung, wozu die Ausgabe von Fr. Ritter neue Beiträge liefert, überlasse ich Anderen; für einen Ueberblick der Laufbahn und des Entwicklungsganges von Horaz thut ein Unterschied von ein oder zwei Jahren wenig zur Sache.

Chronologische Uebersicht der Lebenszeit des Horaz.

a. Chr.	U. C.	Hor.	
65	689	geb.	Q. Horatius Flaccus, geb. am 8. December, unter dem Consulat des L. Aurelius Cotta und L. Manlius Torquatus.
			Virgilius 5 Jahre älter, geb. 684.
63	691	2	Consulat des Cicero, Verschwörung des Catilina.
			Octavianus geb.
			Orbilius Pupillus kommt in seinem 50. Jahr nach Rom und errichtet alldort eine Schule der Grammatik.
60	694	5	Messala Corvinus geb. — T. Livius geb. — Tibullus geb.
58	696	7	Cäsar geht nach Gallien. — Cicero geht in die Verbannung. Horatius übersiedelt mit seinem Vater nach Rom, wo er zu Orbilius in die Schule geht.
53	701	12	Crassus fällt in dem Kampfe gegen die Parther.
52	702	13	T. Lucretius Carus stirbt. — Propertius geb.
48	706	17	Schlacht bei Pharsalus, 9. Aug.
47	707	18	Catullus stirbt.
46	708	19	Schlacht bei Thapsus in Afrika. — Tod des Cato Uticensis.
44	710	21	Mord des Cäsar.
			Horatius widmet sich zu Athen den Studien. Zu gleicher Zeit befanden sich alldort Cicero (der Sohn), Messala, Bibulus, Ser. Sulpicius und Andere.
43	711	22	Antonius bei Mutina geschlagen. — Triumvirat des Octavianus, Antonius und Lepidus. — Proscriptionen.
			Horatius begleitet den Brutus auf seinem Zuge nach Asien als Tribunus militum.
			Ovidius geb. — Laberius stirbt. — Cicero ermordet.

v. Chr.	d. St.	Hor.	
42	712	23	Schlacht bei Philippi im November oder December
41	713	24	Ackervertheilung an die Veteranen — Perusinischer Krieg Horatius kommt zurück nach Rom. Sein Landgut wird confiscirt. Er beginnt Gedichte zu machen Epod. 7: Quo, quo scelesti Epod. 16: Altera iam teritur Virgilius beginnt seine Bucolica zu dichten Eclog. I, IX.
40	714	25	Octavianus und Antonius vertheilen das Reich. Asinius Pollio Consul Vergl. Eclog. IV, VIII
39	715	26	Asinius Pollio triumphirt über die Dalmatiner (Carm. II, 1, 15)
38	716	27	Horatius dem Mäcenas vorgestellt
37	717	28	Agrippa baut den portus Julius zur Ausrüstung einer Flotte gegen Sex. Pompeius (Ars poet. 63). Öffentliche Bibliothek gegründet durch Asinius Pollio. Horatius reist in Gesellschaft von Virgilius und Varius mit Mäcenas nach Brundisium Serm. I, 5 Iter Brundisinum
36	718	29	Sext. Pompeius überwunden durch Octavianus
35	719	30	Horatius gibt das erste Buch seiner Satiren heraus und empfängt hierauf von Mäcenas das Landgut Sabinum zum Geschenke.
34	720	31	Virgilius vollendet das erste Buch seiner Georgica.
32	722	33	Antonius zum Feind des Staates erklärt
31	723	34	Messala Consul — Schlacht bei Actium — Mäcenas einstweilen betheiligt mit der Präfectur von Rom. Varius besingt die Schlacht von Actium Epod. I. Ibis Liburnis. Epod. IX. Quando repostum. Carm. I, 37: Nunc est bibendum. Messala zieht nach Aquitanien fort und von da nachher nach dem Osten Tibull. Eleg. I, 3, 10
30	724	35	Horatius gibt die Epoden und das zweite Buch Satiren heraus
29	725	36	Octavianus kommt nach Rom zurück, feiert einen Triumph und lässt den Tempel des Janus schliessen Virgilius gibt die vier Bücher seiner Georgica heraus
28	726	37	Einweihung des Tempels des Apollo Palatinus

v. Chr.	u. c.	Hor.	
			M. Terentius Varro stirbt in seinem 89 Jahre Carm. I, 31 Quid dedicatum
27	727	38	Octavianus erhält den Beinamen Augustus Feldzüge gegen Britannien, Arabien u. s. w. beschlossen Carm. I, 35 O Diva gratum Augustus hält sich volle drei Jahre in Hispanien auf (726—729) — Kriege gegen die Cantabrer — Triumph des Messala Tibull Eleg. I, 7
26	728	39	Der Dichter C. Gallus stirbt
25	729	40	Der Tempel des Janus wird zum zweiten Male geschlossen — Zurückkunft des Augustus nach Rom Carm. III, 14 Herculis ritu
24	730	41	Tod des Quintilius Varus Carm. I, 24 Quis desiderio
23	731	42	Tod des Marcellus (Vergil Aen. VI, 860) Augustus unterhandelt zu Rom den Streit zwischen Tiridates und Phraates (Carm. II, 2) Horatius gibt die drei Bücher Oden heraus
22	732	43	Augustus unternimmt eine Reise nach Sicilien, Griechenland, Samos, Asien (732—735) (Vergil Aeneid VI, 793 f)
20 19	734 735	45 46	Die römischen Adler und Gefangenen durch den König der Parther Phraates wieder zurückgesandt — Tigranes durch Tiberius auf den Thron von Armenien wieder eingesetzt — Augustus unterwirft die Cantabrer (Epist. I, 12, 26) Horatius gibt das erste Buch seiner Briefe heraus Propertius Eleg. III, 4, 5, 12 ungefähr um diese Zeit verfertigt Zurückkunft des Augustus nach Rom Virgilius stirbt nach seiner Rückkehr aus Griechenland zu Brundusium, nicht lange darnach stirbt Tibullus
18	736	47	Leges Juliae (Carm. IV, 5, 20 f)
17	737	48	Ludi saeculares Carm. IV, 6 Dive, quem proles Carmen saeculare
16	738	49	Die Niederlage des Lollius — Augustus zieht nach Gallien ab, 738—741
15	739	50	Die Rhaeter und Vindelicier durch Tiberius und Drusus unterworfen (Carm. IV, 4) Propertius stirbt
14	740	51	Carm. IV, 5 Divis orte bonis

v. Chr.	U. C.	Hor.	
13	741	52	Rückkunft des Augustus nach Rom Carm. IV, 14 Quae cura Patrum Horatius gibt das vierte Buch seiner Oden heraus
12	742	53	Agrippa stirbt. — Drusus führt den Krieg in Germanien, 742—745 Horatius vollendet in diesen Jahren das zweite Buch seiner Briefe und die Ars Poetica.
8	746	57	Horatius stirbt, kurz nach Mäcenas, am 27 November

Auszüge aus Horazens Werken,

betreffend

sein Leben und seine Studien.

Epist. I, 20.

Dieser Brief, der die Aufschrift hat „Ad librum suum“, ist gleichsam ein Geleitsbrief, dem liber primus Epistolarum bei der Herausgabe mitgegeben, so dass er ebenso gut an die Spitze als an das Ende des Buches gestellt sein konnte. Der Dichter sagt darin in Bezug auf seine Person, Abkunft, Lebenszeit folgendes:

Me libertino natum patre et in tenui re
Maiores pennas nido extendisse loqueris,
Ut quantum generi demas, virtutibus addas,
Me primis Urbis belli placuisse domique.
Corporis exigui, praecanum, solibus aptum,
Irasci celerem, tamen ut placabilis essem.
Forte meum si quis te percontabitur aevum,
Me quater undenos sciat implevisse Decembres,
Collegam Lepidum quo duxit Lollius anno.

Aus den letzten Versen ersieht man, dass Horaz sein 44. Jahr vollendet hatte im Monat December des

Jahres, in welchem M. Lollius und Q. Aemilius Lepidus Consuln waren: a. u. c. 733, vor Chr. 21. Dieses führt uns, wenn wir zurückzählen, zu seinem Geburtsjahre, December 689 oder 65 vor Chr., in welchem Jahre L. Aurelius Cotta und Manlius Torquatus Consuln waren.

Horaz gibt selbst dieses Jahr an, denn Epod 13, 6 sagt er:

Tu vina Torquato move consule pressa meo

Wein von seinem Geburtsjahr, mit dem Merkzeichen des Torquatus. Vgl Carm. III, 21 am Anfang

Uebrigens ist durch einige Ausleger, nach dem Beispiele Acrons, aus den angeführten Schlussversen des oben erwähnten Briefes unrichtiger Weise gefolgert worden, dass die Verfertigung dieses Briefes und die Herausgabe des ersten Buches der Briefe auch in dieses selbe Jahr falle. Es kommen jedoch in diesen Briefen Andeutungen vor, woraus ersichtlich ist, dass dieses Buch der Briefe nicht vor Ende des Jahres 735 oder erst im Beginn des Jahres 736 erschienen ist.

Es gab mehr als einen Grund, der Horaz dazu veranlassen konnte, gerade das Jahr des Consulats des Lollius zur Angabe seines Alters zu wählen. Zunächst bot ihm dieses Jahr eine runde Zahl Lebensjahre dar, die sich bequem im Versmasse ausdrücken liess: „quater undenos Decembres“ Dann war Lollius ein Freund des Horaz, an dessen Consulat er also gerne einen Abschnitt seines Lebens knüpfte Jeder dieser Gründe war hinreichend ihn gerade zur Wahl dieses Jahres zu bestimmen.

Serm. I, 6.

Diese Satire ist geschrieben als Horaz Convictor des Mäcenas war, wahrscheinlich in dem auf das „iter Brundisinum" folgenden Jahre (a. c. 717). Er lebte damals in otio zu Rom, frei von allen Amtsgeschäften — seinen Posten als Scriba hatte er wahrscheinlich niedergelegt — und zugleich frei von aller Ehr- und Ruhmsucht, jedoch von nicht Wenigen wegen der ihm zu Theil gewordenen Ehre beneidet. Ueber sein Bekanntwerden mit Mäcenas schreibt er daselbst folgendes:

Nunc ad me redeo libertino patre natum,
Quem rodunt omnes libertino patre natum,
Nunc, quia sum tibi, Maecenas, convictor, at olim,
Quod mihi pareret legio Romana tribuno.
Dissimile hoc illi est, quia non, ut forsit honorem
Jure mihi invideat quivis, ita te quoque amicum,
Praesertim cautum dignos assumere prava
Ambitione procul. Felicem dicere non hoc
Me possim, casu quod te sortitus amicum;
Nulla etenim mihi te fors obtulit; optimus olim
Vergilius, post hunc Varius, dixere quid essem.
Ut veni coram, singultim pauca locutus,
(Infans namque pudor prohibebat plura profari)
Non ego me claro natum patre, non ego circum
Me Satureiano vectari rura caballo,
Sed, quod eram, narro. Respondes, ut tuus est mos,
Pauca: abeo, et revocas nono post mense jubesque
Esse in amicorum numero. Magnum hoc ego duco,
Quod placui tibi, qui turpi secernis honestum,
Non patre praeclaro, sed vita et pectore puro.

Horaz zeigt hier, dass er die Freundschaft des Mäcenas nicht, wie einst sein Amt eines Tribunus militum, dem Zufall, sondern der überlegten Wahl dieses Staatsmannes zu danken hatte.

Vers 51. „prava ambitione procul“ muss verbunden werden mit dignos: qui cessit procul ab ambitione, die nicht aus Ehrsucht seine Freundschaft suchten. In demselben Sinn sagt Horaz: Serm. I, 10, 84: ambitione relegata etc.

Vers 56. „*singultim*“. Dieses Wort ist ein sogenanntes *ἅπαξ εἰρημένον*, wahrscheinlich eines der Worte, von denen Horaz Epist. II, 2, 117 sagt:

> Quae priscis memorata Catonibus atque Cethegis
> Nunc situs informis premit et deserta vetustas.

Es ist nicht, wie Einige wollen, ein abgekürztes „singulatim“, sondern es ist abgeleitet von *singultum* (supin.), *singultus*, gleichwie *passum*, *passus*, *passim*; *sensum*, *sensus*, *sensim* etc.; von welchem *singultum* ferner abgeleitet sind *singultare* und *singultire*, sowie von *gestum*, *gestare* und *gestire*. Eigentlich bedeutet es in einzelnen, nicht zusammenhängenden Worten sich ausdrücken, daher auch schluchzen, stöhnen, röcheln; hier hat singultim die erstere eigentliche Bedeutung, womit auch der infans pudor, von dem er spricht, im Einklange steht. Auch „*Satureiano caballo*“ ist ein Ausdruck, der anderwärts nicht vorkömmt, man leitet ihn gewöhnlich ab von Saturium *), einem Orte nahe bei Tarent, so dass er so viel bedeuten würde als equo Tarentino. Ich glaube vielmehr, dass dieses Wort gebildet ist von *satureia* (*σατύριον*), ein Kraut, das erhitzt, feurig macht: *πόα τις συνεργὸς πρὸς τὰς ἀφροδισίους ὁρμάς*, nach Hesychius. Die Benennung ist abgeleitet von *Σάτυρος*, woher auch *σατυριᾶν*,

*) So auch Aug. Arnold: das Leben des Horaz S. Seite 16. Note 2.

prurire, turgere. Horaz hat hieraus in spottender Weise ein quasi-gentile, *Satureianus*, gemacht, ein verbum sesquipedale, ganz dazu geeignet, um das Lächerliche der Uebertreibung zum Vorschein kommen zu lassen. Es bedeutet eben dasselbe, was Aeschylus κυδιῶντα πῶλον nennt, ein muthwilligen, feuriges Ross.

In derselben Satire sagt Horaz auch Folgendes über die Erziehung, die er als Knabe von seinem Vater empfangen hatte:

Si neque avaritiam neque sordes aut mala lustra
Objiciet vere quisquam mihi, purus et insons,
Ut me collaudem, si et vivo carus amicis.
Causa fuit pater his, qui macro pauper agello
Noluit in Flavi ludum me mittere, magni
Quo pueri magnis e centurionibus orti,
Laevo suspensi loculos tabulamque lacerto,
Ibant octonos referentes Idibus aera,
Sed puerum est ausus Romam portare, docendum
Artes quas doceat quivis eques atque senator
Semet prognatos. Vestem servosque sequentes,
In magno ut populo, si qui vidisset, avita
Ex re praeberi sumptus mihi crederet illos.
Ipse mihi custos incorruptissimus omnes
Circum doctores aderat. Quid multa? Pudicum,
Qui primus virtutis honos, servavit ab omni
Non solum facto, verum opprobrio quoque turpi;
Nec timuit, sibi ne vitio quis verteret, olim
Si praeco parvas aut, ut fuit ipse, coactor
Mercedes sequerer, neque ego essem questus

„Mein Vater", sagt er, „that mich nicht zu Venusia in die Schule des Flavius, wohin die Söhne der angesehenen Centurionen zur Schule gingen, mit Tasche und Rechenbrett am linken Arme, monatlich an den Idus (den 13. oder 15.) acht Asse bezahlend, sondern er hat mich nach Rom gebracht" etc. Rom war der Ort, wo allein man gut lateinisch lernen konnte. Der Spott, der in dem „magni pueri magnis e Centurionibus orti" gelegen ist, tritt durch den darauf folgenden Gegensatz: dass sie selbst die Schulgeräthe trugen und um so geringes Schulgeld für den Monat bezahlten, um so schärfer hervor. Uebrigens herrscht über die Lesart und Auslegung des 74. und 75. Verses grosse Meinungsverschiedenheit. Gewöhnlich liest man, den Handschriften zufolge:

Ibant octonis referentes Idibus aera.

Was bedeutet aber das „octonis Idibus"? Einige erklären dies so: es bezeichne dies die achttägigen Idus, indem man von den Nonen (dem 5. oder 7.) bis zu den Idus (dem 13. oder 15.) immer acht Tage zählte, darum sind aber die Idus selbst nicht octonae; oder sollte dadurch vielleicht bezeichnet werden: dass die Bezahlung nicht am Idustage, sondern in der Woche zwischen den Nonen und Idus geschah? welche Annahme aber keinen Grund hat. Andere erklären „octonis Idibus" so: „für die Idus von acht Monaten", als die Zeit, welche der Schulkurs, nach Abrechnung von vier Ferien-Monaten, nämlich von den Idus Junius bis zu den Idus Octobres, dauerte. Aber diese Festsetzung der Ferienzeit ist eine Voraussetzung, in Betreff deren ich zweifele, ob sie wohl im Allgemeinen angenommen werden kann; es ist im Gegentheile wohl viel wahrscheinlicher, dass die Ferienzeiten in Verbindung mit den öffentlichen Festen standen und so durch das ganze Jahr vertheilt waren. Andere

Auslegungen übergehe ich mit Stillschweigen*). Die von mir befolgte Lesart beruht auf der Autorität des Acron, eines Scholiasten aus dem dritten Jahrhundert, also sechs Jahrhunderte älter als unsere älteste Handschrift des Horaz; auch wird sie in Cod. Monac. 2 angetroffen. Sie gibt einen eben so deutlichen als passenden Sinn. octonos aeris erklärt Acron gut durch: „octonos nummos aeris pro mercedibus, (sive) octonos asses[1]), quia ante Idus (d. i. an den Idus) mercedes solvebantur." Die Erwähnung des monatlichen Schulgeldes (octoni asses) war nothwendig, um von der Geringfügigkeit desselben und der natürlich damit im Verhältniss stehenden Gehalte der Schullehrer Kenntniss zu verschaffen.

Serm. I, 4.

Ueber die Art und Weise, in der der Vater des Horaz seinen Knaben zu belehren und zu ermahnen gewohnt war, spricht sich unser Dichter also aus:

Liberius si
Dixero quid, si forte iocosius, hoc mihi iuris
Cum venia dabis: insuevit pater optimus hoc me,
Ut fugerem exemplis vitiorum quaeque notando.
Cum me hortaretur, parce, frugaliter atque
Viverem uti contentus eo quod mi ipse parasset,
„Nonne vides, Albi ut male vivat filius, utque

---

*) Aug. Arnold in dem Leben des Horaz S. 5 Note 3 bemerkt zu dieser Stelle, dass sie den Worten nach dunkel und streitig, dem Sinne nach aber klar sei: das Rechnen wurde nämlich des Erwerbes und Wuchers wegen vorzugsweise gelehrt, sie lernten also die Zinsen auf den Tag berechnen.

[1]) Ich habe mir hier eine kleine Veränderung erlaubt. Bei Acron steht „aeris" nicht hinter „nummos", sondern hinter „asses".

„Barrus inops? magnum documentum, ne patriam rem
„Perdere quis velit.“ A turpi meretricis amore
Cum deterreret, „Scetani dissimilis sis“ . .
Aiebat. „Sapiens, vitatu quidque petitu
„Sit melius, causas reddet tibi; mi satis est, si
„Traditum ab antiquis morem servare tuamque,
„Dum custodis eges, vitam famamque tueri
„Incolumem possum; simul ac duraverit aetas
„Membra animumque tuum, nabis sine cortice.“ Sic me
Formabat puerum dictis.

So fand Horaz in den Unterweisungen seines Vaters das Vorbild, welchem er später selbst in seinen Satiren nachgefolgt ist: „exemplis vitiorum quaeque notando.“

Epist. II, 2.

Hier schreibt er über seine ferneren Studien und Lebensschicksale Folgendes:

Romae nutriri mihi contigit atque doceri
Iratus Grais quantum nocuisset Achilles.
Adiecere bonae paulo plus artis Athenae,
Scilicet ut vellem curvo dignoscere rectum
Atque inter silvas Academi quaerere verum.
Dura sed emovere loco me tempora grato,
Civilisque rudem belli tulit aestus in arma
Caesaris Augusti non responsura lacertis.
Unde simul primum me dimisere Philippi,
Decisis humilem pennis inopemque paterni
Et laris et fundi, paupertas impulit audax
Ut versus facerem.

Ueber seinen Kriegszug unter Brutus und die Niederlage bei Philippi berichtet der Dichter in einer, mehrere Jahre nach diesen Ereignissen geschriebenen, an seinen Freund Pompejus Varus gerichteten, Ode.

Carm. II, 7.

O saepe mecum tempus in ultimum
Deducte, Bruto militiae duce.

Pompei, meorum prime sodalium,
Cum quo morantem saepe diem mero
Fregi, coronatus nitentes
Malobathro Syro capillos?

Tecum Philippos et celerem fugam
Sensi, relicta non bene parmula,
Quum fracta virtus et minaces
Turpe solum tetigere mento.

Sed me per hostes Mercurius celer
Denso paventem sustulit aere etc.

Morantem saepe diem fregi etc. bezieht sich wahrscheinlich auf die im Lager zugebrachten *horas inertes*. Relicta non bene parmula ist halb scherzend gesagt, wie man nach so langer Zeit über ernsthafte Vorfälle wohl schon zu sprechen vermag. Es hat nicht allein auf Horaz, sondern auch auf seinen Freund und ihre Schicksalsgenossen Bezug. Die Worte „quum fracta virtus et minaces" etc. sind durch die Ausleger nicht gut erklärt, da sie dieselben auf ein einziges Subject zurückführen. Es ist ein Doppelsinn: in *fracta virtus* liegt ein Ausdruck von Achtung, dagegen in *minaces turpe solum tetigere mento* ein Ausdruck von Verachtung. Erstere bezieht sich auf jene, die zu ihrer Losung „vincere aut mori" hatten, auf Brutus, Cassius und andere diesen gleichende; das minaces aber auf die Prahler, die vor der Schlacht voll Muth waren, aber nach der Niederlage vor den Siegern sich tief bis in den Staub beugten.

Ferner berichtet Horaz in der schon früher angeführten Satire, welcher Art seine gewöhnliche Lebensweise in den ersten Jahren nach seiner Aufnahme unter die Freunde des Mäcenas gewesen.

Serm. I, 6.

Hoc ego commodius quam tu, praeclare senator,
Millibus atque aliis vivo. Quacunque libido est,
Incedo solus, percontor, quanti olus ac far;
Fallacem Circum vespertinumque pererro
Saepe Forum; adsisto divinis, inde domum me
Ad porri et ciceris refero laganique catinum.
Coena ministratur pueris tribus, et lapis albus
Pocula cum cyatho duo sustinet; adstat echinus
Vilis, cum patera guttus, Campana supellex.
Deinde eo dormitum, non sollicitus, mihi quod cras
Surgendum sit mane, obeundus Marsya, qui se
Vultum ferre negat Noviorum posse minoris.
Ad quartam iaceo, post hanc vagor aut ego, lecto
Aut scripto quod me tacitum iuvet, unguor olivo,
Non quo fraudatis immundus Natta lucernis.
Ast ubi me fessum sol acrior ire lavatum
Admonuit, fugio Campum lusumque trigonem.
Pransus non avide, quantum interpellet inani
Ventre diem durare, domesticus otior. Haec est
Vita solutorum misera ambitione gravique

„Ich lebe auf einem viel freieren Fusse als Du, ehrenwerther Senator und Tausende Deinesgleichen. Ich durchwandere ohne Gefolge nach meinem Belieben die Stadt; ich frage, was das Gemüse, was das Mehl kostet; des Abends schlendere ich in den betrugvollen Circus oder auf das Forum[1]; ich horche den Wahr-

[1]) Der Circus wird fallax genannt wegen der allerlei Verführungen, Betrügereien und Kunstgriffe, deren Schauplatz dieser Ort war. Hierbei spielten unter andern auch die Sterndeuter

sagern. Von dort kehre ich nach Hause zurück zu meiner Schüssel Lauch, Erbsen und Pfannen (laganum ¹)). Drei Sclaven stehen an meinem Tisch, und daneben auf einer marmornen Tafel ein paar Becher mit einem Schöpfgefäss (cyathus); zunächst dann ein Mischgefäss (echinus ²)) und ein Oelfläschchen auf einer Schale, Alles Campanisches Töpferzeug. Nachher gehe ich zu Bett, und habe nicht die Sorge, dass ich nothwendigerweise in der Frühe mich für Andere als Bürge stellen muss. Bis zehn Uhr hüte ich mein Ruhebett; dann gehe ich, nachdem ich zu meiner Unterhaltung oder Belehrung Etwas gelesen oder geschrieben habe, spazieren, oder ich salbe mich mit Oel und treibe dann Gymnastik, bis Erhitzung und Ermüdung mir es verleiden; dann verlasse ich den Campus und das Ballspiel, um ein Bad zu nehmen. Nachdem ich ein mässiges Frühstück (ungefähr zwischen ein und zwei Uhr) genommen, eben nur so viel, um nicht mit leerem Magen bis zum Abend zu bleiben, bringe ich dann den Abend zu Hause zu. Solchergestalt ist das Leben der Menschen, die nicht von arger Ehrsucht geplagt werden."

und Wahrsager eine hervorragende Rolle. Das Forum nennt er vespertinum, weil dieser Ort mit seinen tabernae vorzüglich des Abends stark besucht war.

¹) *Laganum*, dem Acron zufolge: „genus nutrimenti de siligine, quod cum piperis liquamine coquunt." — S. Facciolati Lex. ed. Forcellini, s. v.

²) *Cyathus* ist ein Gefäss mit einem Henkel, aus welchem der Wein und das Wasser in das Mischgefäss (crater) geschöpft werden. Der crater wird hier echinus benannt, denn er war eine Art Töpferzeug mit darauf befindlichen Spitzen, gleichend der Oberfläche des *echinus* (Igels).

Nun noch eine Bemerkung. Wenn Horaz hier sagt: „ad quartam iaceo", so müssen wir dies nicht so verstehen, als sage er, er sei so lange im Bette gelegen. Die Alten pflegten nach dem Erwachen auf ihrem Ruhebette sitzen zu bleiben, um zu lesen oder zu schreiben. Die Worte „lecto aut scripto (ablat absol) quod me tacitum iuvet" sind in Folge einer grata negligentia, welche der Styl der Comödie und der Satire sich zuweilen erlaubt, versetzt, und es hätte eigentlich also geschrieben werden sollen. „ad quartam iaceo: post hanc, lecto aut scripto quod tacitum me iuvet, vagor aut ungor."

Minder ruhig als hier beschrieben wird, war wohl das Leben des Horaz einige Jahre später, als die Freundschaft des Mäcenas ihn in vielfältige Beziehungen und zugleich in eine Menge von Geschäften verwickelt hatte. Eine Schilderung hievon gibt er in der folgenden Satire, die ungefähr im Jahre 723 geschrieben ist, einige Zeit nachdem er in den Besitz seines Sabinum gekommen war. Das Gedicht ist auf seinem Landgute geschrieben.

Serm. II, 6.

Hoc erat in votis: modus agri non ita magnus,
Hortus ubi et tecto vicinus iugis aquae fons
Et paulum silvae super his foret. Auctius atque
Di melius fecere. Bene est. Nil amplius oro,
Maia nate, nisi ut propria haec mihi munera faxis.
Ergo ubi me in montes et in arcem ex urbe removi,
Quid prius illustrem satiris Musaque pedestri?
Matutine pater, seu Iane libentius audis,
Unde homines operum primos vitaeque labores
Instituunt (sic dis placitum), tu carminis esto

Principium. Romae sponsorem me rapis: „Eia,
„Ne prior officio quisquam respondeat, urge."
Sive aquilo radit terras seu bruma nivalem
Interiore diem gyro trahit, ire necesse est.
Postmodo, quod mi obsit clare certumque locuto,
Luctandum in turba et facienda iniuria tardis.
„Quid vis, insane, et quas res agis?" improbus urget
Iratis precibus — „Tu pulses omne quod obstat
„Ad Maecenatem memori si mente recurras."
Hoc iuvat et melli est, non mentiar. At simul atras
Ventum est Esquilias, aliena negotia centum
Per caput et circa saliunt latus. „Ante secundam
„Roscius orabat sibi adesses ad Puteal cras." —
„De re communi scribae magna atque nova te
„Orabant hodie meminisses, Quinte, reverti." —
„Imprimat his cura Maecenas signa tabellis."
Dixeris „Experiar." „Si vis, potes" addit et instat.
Septimus octavo propior iam fugerit annus,
Ex quo Maecenas me coepit habere suorum
In numero, dumtaxat ad hoc, quem tollere rhedа
Vellet iter faciens, et cui concredere nugas
Per totum hoc tempus subiectior in diem et horam
Invidiae. Noster ludos spectaverat una,
Luserat in Campo. „Fortunae filius" omnes.
Frigidus a Rostris manat per compita rumor.
Quicumque obvius est, me consulit: „O bone (nam te
„Scire, deos quoniam propius contingis, oportet),
„Numquid de Dacis audisti?" — „Nil equidem." — „Ut tu
„Semper eris derisor!" — „At omnes di exagitent me,
„Si quicquam." — „Quid? militibus promissa Triquetra
„Praedia Caesar an est Itala tellure daturus?"
Iurantem me scire nihil, miratur ut unum
Scilicet egregii mortalem altique silenti.
Perditur haec inter misero lux non sine votis:
O rus, quando ego te adspiciam, quandoque licebit
Nunc veterum libris, nunc somno et inertibus horis
Ducere sollicitae iucunda oblivia vitae?

„Das war es", sagte er, „was ich wünschte", „ein nicht allzu grosses Grundstück mit einem Garten und einem Büchlein etc. Wenn ich alsdann aus der Stadt nach den Bergen und meinem Schlosse mich geflüchtet habe, wem sollte ich denn wohl früher mich weihen, als der bescheidenen Muse der Satire?

„O du Vater der Morgenstunde, oder willst du lieber mit dem Namen Janus begrüsst werden, der du den Sterblichen den Beginn ihrer Arbeiten und Geschäfte ankündigst, mit dir fange mein Gedicht an.

„Wenn ich zu Rom bin, jagst du mich frühe aus dem Bett nach dem Gerichtsplatz „Hurtig auf! mache dass Niemand in der Dienstfertigkeit Bürge zu stehen dir zuvorkomme' schon', dass du fortkommst!" Mag nun der Nordwind die Erde peitschen, der Dezember den schneeigen Tag verkündigen, man muss sich auf den Weg machen. Nachher, wenn man mit deutlichen Worten versprochen, was vielleicht theuer zu stehen kommen kann, muss man sich durch die Menge drücken, die Trägen fortstossen. „Was willst du, Rasender? was machst du für ein Gedränge?" ruft ein schlechter Kerl dir mit Verwünschungen zu. — „Du drückst dich durch und stossest Alles zur Seite, was dir im Wege steht, um nur so schnell als möglich das Haus des Mäcenas zu erreichen." — Dies ist mir aus der Seele gesprochen. Kaum habe ich aber die düsteren Esquilien [1]) erreicht, so stürmen dort gleich hundert fremde Angelegenheiten von allen Seiten auf mich ein. „Roscius, sagt der Eine, lässt dich bitten morgen vor acht beim Puteal zu sein, um ihm einen Freundschaftsdienst zu erweisen [2])". — „Die Scribae

[1]) Allda war der Palast des Mäcenas.

[2]) *Puteal Libonis* oder *Scribonianum* war ein Ort, wo ma-

lassen Dich, Quintus, ersuchen, Du möchtest nicht vergessen und heute einer neuen und wichtigen Angelegenheit wegen zu ihrem Collegium erscheinen." — „Mache doch, sagt ein Anderer, dass Maecenas auf diese Schrift sein Siegel drücke¹)." Erwidere ich: „Ich werde es versuchen", so antwortet er: „Du kannst es bewirken, wenn Du nur willst", und geht mir nicht vom Halse.

„Es sind nun volle sieben Jahre verflossen, seit Mäcenas mich zuerst in den Kreis der Seinen aufnahm, d. h. mich auf Reisen in seinem Wagen mitnahm und über Tagesneuigkeiten mit mir plauderte. Während dieser ganzen Zeit nun bin ich von Tag zu Tag, ja von Stunde zu Stunde mehr zum Gegenstand des Neides geworden. War ich mit ihm im Theater oder hat er etwa auf dem Campus eine Partie mit mir gespielt, so schreien gleich Alle: „Welch' ein Glückskind!" Verbreitet sich etwa vom Markte aus ein schnelles Gerücht durch die Stadt, gleich fragt mich Jeder, der mir begegnet: „Ei, sag' mir doch — denn Du musst es ja wissen, weil Du den Göttern näher stehst — hat man Etwas von den Daciern erfahren²)?" — „Ich weiss es nicht." — „O, rede doch die Wahrheit!" — „Nein, alle Götter sollen

besondere Geldsorten verhandelt wurden. Es war also wahrscheinlich eine finanzielle Angelegenheit, zu der der Beistand des Horaz angesucht wurde.

¹) Mäcenas war in dieser Zeit, bei Abwesenheit des Augustus, mit der Präfectur von Rom betraut, und führte in diesem Falle das Siegel des Kaisers.

²) Der Krieg gegen die Dacier fällt in das Jahr 723, nach Fischer Zeittafel S. 253.

mich plagen, so ich Etwas davon weiss." — „Das aber wirst Du mir doch gewiss sagen können: wird Cäsar seinen Kriegern zur Belohnung Ländereien auf Sicilien oder in Italien anweisen?" Betheuere ich dann, dass ich auch davon nichts weiss, so staunen sie mich an wie Einen, der das Geheimhalten meisterhaft versteht. Mittlerweile geht mir leider der Tag wieder verloren, und oftmals seufze ich: Ach, wann werde ich mein Sabinum wiedersehen? Wann wird es mir wieder einmal vergönnt sein, im Lesen alter Bücherrollen, in ungestörtem Schlummer, in sorgenloser Muse, Erholung von den Kümmernissen und Sorgen des Lebens zu finden?"

Vers 20. Aus den Worten: „matutine pater seu Jane" etc. hat Ritter mit Unrecht den Schluss gezogen, dass dieses Gedicht zu Beginn des Monates Jänner geschrieben worden sei. Diese dichterische Anrufung bedeutet in einfache Prosa übertragen nichts Anderes als: „Ich werde (bei dem Erwähnen meiner Beschäftigungen) mit der Morgenstunde beginnen."

Vers 36. In den Worten: „de re communi scribae" etc. sieht man mit Recht eine Hinweisung auf den von Horaz früher bekleideten Posten eines Scriba, in Folge dessen auch später, nachdem er der Stelle schon Lebewohl gesagt hatte, ein gewisser Verband zwischen ihm und dem Collegium derselben fortbestehen blieb.

Dass Horaz auch in späterer Zeit zu Rom mit Geschäften nicht weniger überhäuft war, ersieht man aus folgender Stelle eines um das Jahr 744 geschriebenen Briefes:

Epist. II, 2.

Praeter cetera, me Romaene poemata censes
Scribere posse inter tot curas totque labores?
Hic sponsum vocat, hic auditum scripta, relictis
Omnibus officiis: cubat hic in colle Quirini,
Hic extremo in Aventino, visendus uterque:
Intervalla vides humane commoda.

. . .

I nunc et versus tecum meditare canoros

Auditum scripta deutet auf das Zuhören beim Vorlesen von Gedichten etc., auf die s. g. recitationes hin. *Intervalla humane commoda* heisst so viel als das sind anständige Entfernungen.

Das Landgut des Horaz wird von ihm selbst in einem an seinen Freund Quinctius Hirpinus gerichteten Briefe also beschrieben:

Epist. I, 16.

Ne perconteris, fundus meus, optime Quincti,
Arvo pascat herum an bacis opulentet olivae,
Pomisne an pratis an amicta vitibus ulmo,
Scribetur tibi forma loquaciter et situs agri.
Continui montes, ni dissocientur opaca
Valle, sed ut veniens dextrum latus aspiciat sol,
Laevum discedens curru fugiente vaporet.
Temperiem laudes. Quid si rubicunda benigni
Corna vepres et pruna ferant* si quercus et ilex
Multa fruge pecus, multa dominum iuvet umbra?
Dicas adductum propius frondere Tarentum.
Fons etiam rivo dare nomen idoneus, ut nec
Frigidior Thracam nec purior ambiat Hebrus,
Infirmo capiti fluit utilis, utilis alvo.
Hae latebrae dulces, etiam, si credis, amoenae,
Incolumem tibi me praestant Septembribus horis.

Von diesem kalten Bächlein, geeignet um Haupt und Magen zu stärken, sagt er anderwärts.

Epist. 1, 18.

Me quotiens reficit gelidus Digentia rivus,
Quem Mandela bibit, rugosus frigore pagus,
Quid sentire putas, quid credis, amice, precari?
Sit mihi, quod nunc est, etiam minus, et mihi vivam
Quod superest aevi, si quid superesse volunt di,
Sit bona librorum et provisae frugis in annum
Copia, neu fluitem dubiae spe pendulus horae

Man ersieht hieraus, dass in der Nähe seines Landgutes das Dorf Mandela lag, und zwar auf einer, der Kälte und dem Winde ausgesetzten Anhöhe, längs deren unten die Digentia vorbeifloss. Das dem Landgute zunächst gelegene Städtchen war Varia, wohin auch die Pächter seiner Grundstücke, fünf an der Zahl, ihre Waaren zu Markte brachten, wie dieses in Epist. I, 14 im Anfang erwähnt wird, wo er über sein Landgut sagt:

(agrum) habitatum quinque focis et
Quinque bonos solitum Variam dimittere patres

Ueber die Lebensweise und den Aufenthalt des Horaz in seinem schon mehr vorgeschrittenen Alter sind besonders die beiden folgenden Stellen aus dem ersten Buche der Briefe bemerkenswerth. In dem ersten dieser Briefe, wahrscheinlich im Herbste von 731—733, oder vor Chr. 23—21 (ganz genau lässt sich das Jahr nicht bestimmen) geschrieben, entschuldigt er sich bei Mäcenas seiner langen Abwesenheit wegen:

Epist. 1, 7.

Quinque dies tibi pollicitus me rure futurum,
Sextilem totum mendax desideror. Atqui

Si me vivere vis sanum recteque valentem,
Quam mihi das aegro, dabis aegrotare timenti,
Maecenas, veniam, dum ficus prima calorque
Dissignatorem decorat lictoribus atris,
Dum pueris omnis pater et matercula pallet
Officiosaque sedulitas et opella forensis
Adducit febris et testamenta resignat.
Quodsi bruma nives Albanis illinet agris,
Ad mare descendet vates tuus et sibi parcet
Contractusque leget; te, dulcis amice, reviset
Cum Zephyris, si concedes, et hirundine prima.

Der Dichter hatte dem Mäcenas nur fünf Tage ausbleiben zu wollen versprochen, und nun war er den ganzen Monat August weggeblieben. Er entschuldigt sich deshalb damit, dass die Rücksicht auf seine Gesundheit es ihm verwehre, während der Zeit der Herrschaft des Sirocco in der Stadt zu verweilen; zugleich giebt er seinen Vorsatz zu erkennen, beim Anfange des Winters nach einer Seestadt zu ziehen und sich daselbst mit seinen Büchern einzuschliessen, um dann mit dem Anbruche des Frühlings seinen Freund frisch und gesund wiederzusehen.

Auf welche Seeplätze Horaz sein Augenmerk gerichtet hatte, das lässt sich aus dem funfzehnten Briefe, der, wie es scheint, nicht lange darnach, noch in demselben Herbste geschrieben ist, ersehen. Er ersucht in demselben den Numonius Vala, der allda wahrscheinlich Landgüter besass, ihm Aufklärungen über das Klima und die Lage von Velia und Salernum zu geben, wohin er sich anstatt nach Cumä und Bajä, wo er in früheren Jahren gewesen, zu begeben dachte, um daselbst den Winter über zu verweilen.

Epist. I, 15.

Quae sit hiems Veliae, quod caelum, Vala, Salerni,
Quorum hominum regio et qualis via, (nam mihi Baias
Musa supervacuas Antonius, et tamen illis
Me facit invisum, gelida cum perluor unda
Per medium frigus. Sane myrteta relinqui,
Dictaque cessantem nervis elidere morbum
Sulfura contemni, vicus gemit, invidus aegris
Qui caput et stomachum supponere fontibus audent
Clusinis Gabiosque petunt et frigida rura.
Mutandus locus est.) —
Maior utrum populum frumenti copia pascat,
Collectosne bibant imbres puteosne perennes
Iugis aquae: (nam vina nihil moror illius orae)
Tractus uter plures lepores, uter educet apros;
Utra magis pisces et echinos aequora celent,
Pinguis ut inde domum possim Phaeaxque reverti,
Scribere te nobis, tibi nos accredere par est.

„Schreibe mir, Freund, sagt er, wie die Luft im Winter in Velia und in Salernum ist. — denn wiewohl Antonius Musa sagt, dass Bajä mir nicht nothwendig sei, so wird es mir doch von den Leuten übel genommen, dass ich inmitten des Winters im kalten Wasser bade. Kein Wunder, wenn der ganze Flecken darüber trauert, dass ihre Myrthenwäldchen mit den warmen Schwefelbädern, die im Rufe stehen, langwierige Leiden heilen zu können, verschmäht werden, und die Leute über Kranke, die zur Stärkung ihres Kopfs und Magens kaltes Wasser und die kühle Luft von Clusium und Gabii versuchen, erbittert sind.“ — Ferner bittet er um Aufklärungen über Gegend, Trinkwasser, Wild, Fische etc., denn er habe den Vorsatz gefasst, sich einmal recht gütlich zu ihm und mit runden Antlitz wie ein Phaeakier nach Hause zurückzukommen.

Die nachfolgenden Stellen haben auf die Poesie des Horaz Bezug.

Carm. III, 4.

Me fabulosae Vulture in Apulo,
Altricis extra limen Apuliae,
  Ludo fatigatumque somno
    Fronde nova puerum palumbes
Texere — —
Ut tuto ab atris corpore viperis
Dormirem et ursis, ut premerer sacra
  Lauroque collataque myrto,
    Non sine dis animosus infans.

Ich betrachte diese Erzählung als eine Fabel, als eine Nachahmung von dergleichen Erdichtungen bei den Griechen, wodurch Horaz seinen Beruf zum Dichter andeuten wollte. Schwebte ihm hiebei vielleicht das Bild des Jamos bei Pindar Ol. 6, 53 ff. vor der Seele? Die Worte „ursae" und „viperae" sollen hier nur dazu dienen, um im Allgemeinen wildes und reissendes Gethier zu bezeichnen, und es ist daher ein sehr verzeihlicher Fehler, insbesondere in einer erdichteten Erzählung, wenn Horaz nicht daran dachte, dass auf den Bergen in Italien keine Bären angetroffen werden. Hätte das Versmass es gestattet, so hätte er gewiss für „ursis" „lupis" gesetzt. Anstössiger ist das Wiederholen der Worte „Apulo" und „Apuliae" am Schlusse des neunten und zehnten Verses. Ich hege die Vermuthung, dass für das erste „aspero" gelesen werden müsse; Andere suchen in der Weise zu verbessern, dass sie für „Ionen Apellas“. „Iunius Damasius“ setzen. Uebrigens ist dieser Fehler, nämlich die Wiederholung desselben Wortes am Ende eines Verses, nicht eben selten.

Serm. I, 10.

Atque ego cum Graecos facerem natus mare citra
Versiculos, vetuit me tali voce Quirinus,
Post mediam noctem visus, cum somnia vera.
„In silvam non ligna feras insanius ac si
„Magnas Graecorum malis implere catervas.

Wiewohl ich glaube, dass diese Erzählung allein nicht zu dem Schlusse berechtigt, dass Horaz in griechischer Sprache zu dichten begann, so ist diese gleichwohl aus anderen Gründen nicht unwahrscheinlich.

Serm. I, 4.

Ueber seinen Vorgänger in der Satire, Lucilius nämlich, spricht der Dichter sich also aus:

Eupolis atque Cratinus Aristophanesque poëtae
Atque alii quorum comoedia prisca virorum est,
Si quis erat dignus describi, quod malus ac fur,
Quod moechus foret aut sicarius aut alioqui
Famosus, multa cum libertate notabant.
Hinc omnis pendet Lucilius, hosce secutus
Mutatis tantum pedibus numerisque, facetus,
Emunctae naris, durus componere versus.

Serm. I, 10.

Auf denselben Satirendichter bezüglich sagt er:

non satis est risu diducere rictum
Auditoris, et est quaedam tamen hic quoque virtus.
Est brevitate opus, ut currat sententia, neu se
Impediat verbis lassas onerantibus aures,

Et sermone opus est modo tristi, saepe iocoso,
Defendente vicem modo rhetoris atque poetae,
Interdum urbani, parcentis viribus atque
Extenuantis eas consulto. Ridiculum acri
Fortius et melius magnas plerumque secat res.

Was Horaz dazu bestimmt hat, seine Wahl vorzugsweise auf die Satire fallen zu lassen, darüber gibt er in den darauf folgenden Versen Aufschluss

Pollio regum
Facta canit pede ter percusso, forte epos acer,
Ut nemo Varius ducit, molle atque facetum
Virgilio annuerunt gaudentes rure Camenae.
Hoc erat, experto frustra Varrone Atacino
Atque quibusdam aliis melius quod scribere possem,
Inventore minor

„Asinius Pollio verkündigte die Thaten der Helden in trimetri (Tragödien); Varius bearbeitete mit mehr Kraft als mancher andere Dichter das Heldengedicht; dem Virgilius schenkten die Musen die Gabe das Landleben zu besingen; die Satire aber war es, die ich besser als Terentius Varro und manche Andere, die es vergebens versucht hatten, zu behandeln verstand, so dass mir hierin nichts als die Ehre der Erfindung mangelte.

Serm. II, 1.

Sunt quibus in Satira videar nimis acer et ultra
Legem tendere opus, sine nervis altera quidquid
Composui pars esse putat . .

Quid faciam? Saltat Milonius, ut semel icto
Accessit fervor capiti numerusque lucernis;
Castor gaudet equis, ovo prognatus eodem
Pugnis. quot capitum vivunt, totidem studiorum
Milia. Me pedibus delectat claudere verba
Lucili ritu.

„Was soll ich da thun? Milonius tanzt, wenn er vom Weine erhitzt die Lichter doppelt sieht; Castor ist erpicht auf Pferde, sein Zwillingsbruder auf Schlägereien: so viel Köpfe, so viel Sinne. Mich gelüstet es nun in der Weise des Lucilius Verse zu machen." „Jedoch", sagt er weiter,

Sed hic stilus haud petet ultro
Quemquam animantem et me veluti custodiet ensis
Vagina tectus, quem cur destringere coner
Tutus ab infestis latronibus?

At ille
Qui me commorit, — „melius non tangere" clamo —
Flebit, et insignis tota cantabitur urbe.

Epod. 6.

Auf seine Epoden und Jamben hat folgende Stelle Bezug:

Quid immerentes hospites vexas, canis
Ignavus adversum lupos?
. . .
Cave, cave: namque in malos asperrimus
Parata tollo cornua,
Qualis Lycambae spretus infido gener
Aut acer hostis Bupalo.

„Lycambae spretus gener" ist Archilochus, *„acer hostis Bupalo"* Hipponax. Diese beiden Jambendichter liessen ihre Feinde die Folgen ihres Zornes empfinden.

Carm. I, 1. Ad Maecenatem.

Ueber seine lyrischen Gedichte spricht sich Horaz in der Widmung an Mäcenas folgendermassen aus:

Me doctarum hederae praemia frontium
Dis miscent superis, me gelidum nemus
Nympharumque leves cum Satyris chori
Secernunt populo, si neque tibias

Euterpe cohibet nec Polyhymnia
Lesboum refugit tendere barbiton.

„Me hederae dis miscent superis" bezieht sich auf die höhere Lyrik, Hymnen, Oden etc., „Nympharum leves cum Satyris chori" auf die heiteren, fröhlichen Weisen, Wein- und Liebeslieder etc. Hiermit stimmt auch die Erwähnung von Euterpe und Polyhymnia zusammen: die erste war, wie der Name andeutet, die Muse des fröhlichen Liedes, die letztere die des feierlichen Lobgesangs.

Carm. I, 6. Ad Agrippam.

Scriberis Vario fortis et hostium
Victor, Maeonii carminis alite,
Quam rem cumque ferox navibus aut equis
Miles te duce gesserit.

. . .

Nos convivia, nos proelia virginum
Sectis in iuvenes unguibus acrium
Cantamus, vacui sive quid urimur,
Non praeter solitum leves.

Horaz weist hier in scherzender Weise das Ersuchen, die Kriegsthaten des Feldherrn Augustus zu besingen, zurück. Es sei dies, wie er sagt, die Aufgabe eines epischen Dichters (Varius), während er, der Liedersänger, nur proelia virginum besingen könne. In ähnlicher Weise spricht der Dichter von seiner Poesie Carm. II, 1, v. 37 ff. II, 12, v. 1—16. III, 3, v. 69 ff. Dass Horaz hier im Scherze seine Muse verkleinert, um eine ihm nicht zusagende Arbeit los zu werden, leuchtet von selbst ein.

Carm. IV, 2. Ad Iulum Antonium.

Pindarum quisquis studet aemulari,
Iule, ceratis ope Daedalea

Nititur pennis, vitreo daturus
  Nomina ponto.

. . .

Multa Dircaeum levat aura cycnum,
Tendit, Antoni, quotiens in altos
Nubium tractus: ego apis Matinae
  More modoque

Grata carpentis thyma per laborem
Plurimum, circa nemus uvidique
Tiburis ripas operosa parvos
  Carmina fingo.

Mit Bescheidenheit vergleicht hier Horaz sein Dichtertalent, gegen das des Pindarus, des Fürsten der lyrischen Dichter gehalten, mit der Arbeit der fleissigen, über den Blumen schwebenden Biene, im Gegensatze zu dem stattlichen Fluge des über die Wolken sich erhebenden Schwans. Der Unterschied des Charakters beider Dichter ist hier vortrefflich ausgedrückt, jedoch liegt deshalb hierin keineswegs ein Selbstbekenntnis unseres Dichters, dass es ihm an höherem Dichtertalente mangelte.

Epist. I, 1. Ad Maecenatem.

Ueber seine Philosophie spricht sich der Dichter in seinem ersten Briefe also aus:

Prima dicte mihi, summa dicende Camena,
Spectatum satis et donatum iam rude quaeris,
Maecenas, iterum antiquo me includere ludo.
Non eadem est aetas, non mens.
Est mihi purgatam crebro qui personet aurem:
„Solve senescentem mature sanus equum, ne
„Peccet ad extremum ridendus et ilia ducat."
Nunc itaque et versus et cetera ludicra pono:
Quid verum atque decens, curo et rogo et omnis in hoc sum;
Condo et compono quae mox depromere possim

Ac ne forte roges, quo me duce, quo Lare tuter:
Nullius addictus iurare in verba magistri,
Quo me cumque rapit tempestas, deferor hospes.
Nunc agilis fio et mersor civilibus undis,
Virtutis verae custos rigidusque satelles,
Nunc in Aristippi furtim praecepta relabor,
Et mihi res, non me rebus subiungere conor.

„Ich binde mich, sagt er, an keine Schule, sondern kehre, nach Umständen, bald bei diesen, bald bei jenen ein. Jetzt bin ich rührig und eifrig¹), stürze mich in das Gewühl des öffentlichen Lebens und bin ein eifriger Verfechter der strengen Tugend; dann gerathe ich wieder unvermerkt in die Schule des Aristipp und gebe mich dem sinnlichen Genusse hin, ohne aber dessen Sclave zu sein.“

Epist. I, 19.

Ueber sein Nachahmen der griechischen Dichter lässt er sich also aus.

Libera per vacuum posui vestigia princeps,
Non aliena meo pressi pede. Qui sibi fidet,
Dux reget examen. Parios ego primus iambos
Ostendi Latio, numeros animosque secutus
Archilochi, non res et agentia verba Lycamben.
Ac, ne me foliis ideo brevioribus ornes,
Quod timui mutare modos et carminis artem,
Temperat Archilochi Musam pede mascula Sappho,
Temperat Alcaeus, sed rebus et ordine dispar.
Hunc ego, non alio dictum prius ore, Latinus
Vulgavi fidicen.

„Ich bin zuerst auf einem unbetretenen Pfade gewandelt, nicht in die Fusstapfen von Vorgängern

¹) Horaz meint: in seiner [illegible]. Seine politischen Oden sind [illegible] die Frucht

getreten. Wer seine Kraft kennt, dient Andern zum Führer. Ich habe zuerst die Jamben des parischen Sängers in Latium eingeführt, dem Archilochus nicht in Worten und Inhalt, sondern nur in Geist und Versmass folgend. Du wirst mich darum nicht minderes Lobes würdig halten, weil ich Ton und Versmass unverändert beibehalten. Auch die kräftige Sappho, auch Alcäus bedienen sich der Sangweise des Archilochus, mit Aenderung der Form und des Inhalts. Seine zuvor nicht gekannten Lieder habe ich als lyrischer Dichter der Römer in der Sprache Latiums bekannt gemacht."

„Pede mascula Sappho", über welche Worte sonderbare Erklärungen vorliegen, bezeichnet eigentlich dasselbe wie mascula mente, mit männlichem Schritt, dies bezieht sich natürlich auf das Versmass und, was damit untrennbar verbunden ist, auf die Sprache.

„Temperat Archilochi Musam." *Temperare* bedeutet eigentlich: „für den eigenen Gebrauch, nach eigenem Geschmack (den Wein) mischen und zubereiten." Horaz betrachtet also die Sapphischen und Alcäischen Strophen als eine Abweichung von denen des Archilochus, welche alle aus Dactylen und Trochäen oder Jamben zusammengesetzt waren.

Sat. I, 10.

Die vornehmsten Freunde und Verehrer des Horaz und ebenso seine Tadler und Beneider erfahren wir aus folgender Stelle:

Saepe stilum vertas, iterum quae digna legi sint
Scripturus, neque te ut miretur turba labores,
Contentus paucis lectoribus

Men' moveat cimex Pantilius? aut cruciet quod
Vellicet absentem Demetrius? aut quod ineptus
Fannius Hermogenis laedat conviva Tigelli?
Plotius et Varius, Maecenas Vergiliusque,
Valgius et probet haec Octavius optimus atque
Fuscus, et haec utinam Viscorum laudet uterque!
Ambitione relegata, te dicere possum,
Pollio, te, Messala, tuo cum fratre, simulque
Vos, Bibule et Servi, simul his te, candide Furni,
Complures alios, doctos ego quos et amicos
Prudens praetereo: quibus haec, sint qualiacunque,
Arridere velim, doliturus, si placeant spe
Deterius nostra. Demetri, teque, Tigelli,
Discipularum inter iubeo plorare cathedras.

Unter seinen Tadlern nennt er in erster Reihe Pantilius. „cimex“ ist eine eigenthümliche Benennung für Jemanden, der Andere im Dunkeln sticht und plagt. Dieser nun und eben so auch Demetrius, Fannius, Hermogenes, Tigellius gehörten zu den Bastard-Sängern und Dichtern dieser Zeit: κόρακες ὡς Διὸς πρὸς ὄρνιχα θεῖον.

Von seinen Freunden führt er zuerst diejenigen an, die, wie es scheint, zu dem um Mäcenas sich schaarenden Kreise gehörten, daher auch dessen Namen in die Mitte derselben gesetzt ist. Plotius, Varius, Valgius, Rufus widmeten sich, ebenso wie Virgilius, der Poesie; Fuscus und die beiden Viscuse waren Sprach- und Literaturkundige; Octavius war Dichter und Geschichtschreiber. In zweiter Reihe führt er dann Männer von Ansehen und Stand an: Asinius Pollio, Messala Corvinus, Calpurnius Bibulus, Ser. Sulpicius, welchen noch Furnius beigefügt wird. Diese waren alle Nobiles. Uebrigens nenne man bei der Erwähnung dieser Namen nicht aus dem Auge lassen, dass diese Satire um 723 geschrieben ist. Wäre sie ein Jahrzehnt später verfertigt worden, so würden wir sicher auch die Namen Anderer, so namentlich unter den Dichtern den des Tibullus, unter den Staatsmännern den des Augustus nicht vermissen.

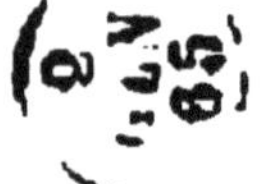

Gedruckt bei E. Polz in Leipzig